Hans-Oskar Badura

Psychotherapie

Eine Einführung
für Mediziner und Psychologen

Verlag W. Kohlhammer
Stuttgart Berlin Köln Mainz

Für Christian

CIP-Kurztitelaufnahme der Deutschen Bibliothek

Badura, Hans-Oskar:

Psychotherapie: e. Einf. für Mediziner u. Psychologen / Hans-Oskar Badura. Stuttgart; Berlin; Köln; Mainz: Kohlhammer, 1982.
ISBN 3-17-007526-8

Verlagsort: Stuttgart
Umschlag: hace
Gesamtherstellung:
W. Kohlhammer Druckerei GmbH + Co. Stuttgart
Printed in Germany

Inhalt

Einleitung

Die Approbationsordnung für Ärzte (AOÄ) vom 28. 10. 1970 hat die sogenannten psychosozialen Fächer, also die medizinische Soziologie, medizinische Psychologie sowie Psychotherapie und Psychosomatik in den Ausbildungsgang angehender Ärzte eingeführt. Bei der Festlegung der Anforderungen wird davon ausgegangen, daß »grundlegende Kenntnisse« dieser Fächer vermittelt werden sollen. Es kann also nicht darum gehen, Ärzte schon während des Studiums zu psychotherapeutischen Spezialisten auszubilden (diese Fehlerwartung ist bei Studenten häufig anzutreffen). Es kommt vielmehr darauf an, den Krankheitsbegriff bzw. den kranken Menschen nicht nur in seiner somatischen sondern auch in seiner *psychischen* und *sozialen* Dimension zu erfassen. Das ätiologische Faktorenbündel soll jeweils entsprechend gewichtet werden, um eine optimale Behandlung einleiten zu können.

Dieses Buch soll helfen, grundlegende Kenntnisse im Bereich der Psychotherapie zu vermitteln.

Psychotherapie bedeutet hier nicht nur Behandlung etwa durch Gespräche im Unterschied zu physikalischen oder chemischen Behandlungsmethoden, sondern im Stoffgebiet der Psychotherapie geht es auch um Konzepte bzw. Theorien psychogener Störungen.

Wenn man sich heute dem Bereich der Psychotherapie zuwendet, so wird man konfrontiert mit einer meist verwirrenden Fülle psychotherapeutischer Verfahren.

Die geschichtlich ältesten Psychotherapieformen sind sicher die *Suggestivverfahren*, die sich alle mehr oder weniger von der Hypnose herleiten. Zu dieser Gruppe gehören »neben der Hypnose eine große Mannigfaltigkeit stützender, beruhigender, appellierender, überzeugend argumentierender (persuasiver), übender, direkt ratender und führender Verfahren, die alle mehr oder minder an Suggestibilität und Autorität orientiert sind« (Fürstenau, 1972, S. 424).

Dann hat sich um die Jahrhundertwende die von S. Freud begründete *Psychoanalyse* entwickelt. Die Entwicklung psychoanalytischer Behandlungsverfahren ging einher mit der Konzeption einer umfassenden Theorie nicht nur der neurotischen Störungen, sondern schließlich auch des normalen menschlichen Verhaltens. Vor allem das psychoanalytische Gedankengut hat sich, was die theoretische Kon-

zeption der psychogenen Störungen angeht, im Lernziel- bzw. Gegenstandskatalog weitgehend durchgesetzt.
Darüber hinaus haben sich in den letzten Jahrzehnten Behandlungsverfahren entwickelt, die sich auf Lerntheorien und auf die experimentelle Psychologie stützen und die durch systematische Lernprogramme direkt auf eine Verhaltensänderung oder eine Löschung des Symptoms abzielen. Aus der Basis der experimentellen Psychologie ergibt sich bezüglich der Theorie der Störung, aber auch bezüglich des Behandlungsverfahrens (der *Verhaltenstherapie*) ein hoher Anspruch auf Wissenschaftlichkeit.
In der psychotherapeutischen Praxis haben neben den psychoanalytisch orientierten Verfahren und der Verhaltenstherapie die *Gesprächspsychotherapie* nach Rogers und das *Autogene Training* große Verbreitung gefunden.
Im folgenden sollen vor der kurzen Darstellung der bedeutendsten Psychotherapieverfahren die Grundlagen der psychoanalytischen Theorie dargestellt werden.
Begonnen werden soll jedoch mit dem »klinischen Zugang zum Patienten«. Dies entspricht dem Vorgehen einer »empirischen Wissenschaft«, denn das psychoanalytische Theoriengebäude basiert auf vielfältigen klinischen Erfahrungen mit Patienten, die an psychogenen Störungen litten.

1. Der klinische Zugang zum Patienten

Die wichtigste Untersuchungs- und Behandlungsmethode in der Psychotherapie ist das *Gespräch*. Diese Aussage klingt sehr banal und einfach; denn welcher Medizinstudent hat nicht schon eine Krankheitsanamnese erhoben und zu diesem Zweck mußte er mit dem Patienten ein Gespräch führen. Das ärztliche Gespräch ist jedoch eine hohe Kunst, in der auch der schon Erfahrene niemals auslernt.

Das klinische Gespräch hat allgemeine Besonderheiten, die sich aus der geschichtlichen Entwicklung des Krankheitsbegriffes herleiten. Im ausgehenden 19. Jahrhundert war der Krankheitsbegriff vor allem naturwissenschaftlich und somatisch geprägt. Die Kliniker in dieser Zeit betrachteten, etwas pointiert formuliert, die Krankheit als einen Gegenstand, der sehr detailliert, allerdings sehr distanziert beobachtet und beschrieben wurde. Der kranke Mensch war strenggenommen nur der Träger der Krankheit, meist natürlich sein Opfer. Ein zufälliges persönlich tragisches Schicksal des Kranken in seiner Lebensgeschichte wurde sicher bedauernd registriert, aber zu der Krankheit im allgemeinen in keinerlei Beziehung gesetzt.

Unter direktem oder indirektem Einfluß der Psychoanalyse hat sich die Einstellung zu den Krankheiten insofern verändert, als jetzt versucht wird, den kranken Menschen gleichzeitig in seiner biologisch-somatischen und psychosozialen Dimension zu erfassen. Auch die Beziehung, die sich zwischen Patient und Arzt während des klinischen Gesprächs ergibt (Übertragung und Gegenübertragung), wurde beachtet. Auch die ganze Lebenssituation des Kranken, seine Biographie, die einzelnen Krankheitszeichen und die Beziehung zwischen Arzt und Patient rückten gemeinsam ins Blickfeld. In diesem Sinne wird der Arzt aus einem distanzierten zu einem teilnehmenden bzw. engagierten Beobachter (Sullivan, 1955).

Die Psychoanalyse hat dabei das einfühlende Verstehen (Empathie) und die Introspektion als Untersuchungsmittel hinzugefügt. In einem solchen Gespräch können diagnostische und therapeutische Momente nicht mehr sauber voneinander getrennt werden; denn ein klinisches Untersuchungsgespräch kann bereits therapeutische Aspekte enthalten, den Beginn einer Behandlung darstellen und natürlich beinhalten auch die späteren therapeutischen Gespräche immer wieder diagnostische Aspekte.

1.1. Das äußere Setting

Die äußeren Bedingungen müssen grundsätzlich so gestaltet sein, daß der Patient Vertrauen fassen kann, daß er das Gefühl hat, sich frei entfalten zu können und mit dem Therapeuten ein sogenanntes »Arbeitsbündnis« eingehen kann.
Dazu sollte dieses Gespräch möglichst unter vier Augen geführt werden, es sei denn, für Unterrichtszwecke werden besondere Vereinbarungen getroffen.
Was die Dauer eines solchen Gesprächs angeht, so gibt es durchaus Schwankungen zwischen etwa 20 und 60 Minuten. Es hat sich jedoch eingebürgert, sich etwa 50 Minuten Zeit zu nehmen. Dies kann man dem Patienten vorher mitteilen.
Im Praxisraum oder im Dienstzimmer in der Klinik sollte man sich möglichst Störungen wie Telefonanrufe etc. fernhalten. Wenn man im Rahmen des klinischen Konsiliardienstes zu einem bettlägerigen Patienten kommt, sollte auch da versucht werden, ein Arrangement zu treffen, um mit dem Patienten alleine sprechen zu können.
Eine weitere Selbstverständlichkeit, die allerdings in der Praxis häufig versäumt wird, ist, daß sich der Therapeut mit Namen vorstellt.
In der Psychotherapie wird eine eher partnerschaftliche Beziehung zwischen Patient und Arzt und nicht eine autoritäre Beziehung angestrebt.
Der Patient sollte bequem sitzen oder (bei bettlägerigen Patienten) bequem liegen; ob der Therapeut einen weißen Kittel beim Gespräch trägt oder ob der Schreibtisch als Barriere zwischen Patient und Arzt steht, sollte jeder Therapeut für sich selbst reflektieren. Ich selbst habe es erlebt, daß Patienten von sich aus beim Hereinkommen den Stuhl zurückstellten und so selbst kritische Distanz zum Therapeuten herstellten. Der weiße Kittel und die Schreibtischbarriere haben etwas mit den Kategorien Nähe und Distanz zu tun; diesbezüglich gibt es verbreitete Ängste, nicht nur bei Patienten.
Das Setting beginnt meist nicht erst nach dem Platznehmen im Sprechzimmer, sondern beginnt häufig schon bei der Festlegung des Termins.
Wenn man Gelegenheit hat, den Patienten im Wartezimmer abzuholen, so ergeben sich oft sehr aufschlußreiche Informationen. Manchmal sitzt der Patient ganz zurückhaltend, verschüchtert und gekrümmt auf einem Stuhl.
Eine Mutter beispielsweise springt sofort auf, redet heftig auf den

Therapeuten ein, möchte als erste den Arzt allein sprechen oder möchte beim Untersuchungsgespräch zugegen sein. Der eigentliche Patient wird dann mehr oder weniger von dem Angehörigen in das Sprechzimmer »vorgeschoben«.

Auch versucht man die äußere Erscheinung des Patienten wahrzunehmen, seine Kleidung, seine Haartracht, seine Haltung, seinen Gang, seinen Händedruck.

Das Gespräch beginnt meist mit einer ungerichteten Frage wie z. B.: »Was führt Sie denn zu mir?«

Die Personalien liegen zu diesem Zeitpunkt meist vor, da sie in der Praxis oder in der Poliklinik von der Sekretärin aufgenommen worden sind. Manche Therapeuten fragen zu Beginn des Gespräches nach den Personalangaben, andere Therapeuten nehmen diese Daten zum Schluß des Gesprächs auf.

Was die Art der weiteren Gespräche angeht, so haben sich zwei unterschiedliche Vorgehensweisen herauskristallisiert: das *Interview* und die *Anamnesenerhebung*.

1.2. Das Interview

Der Begriff stammt aus dem Englischen und bedeutet »Unterredung« und hat sich überwiegend aus dem psychoanalytischen Konzept entwickelt (Argelander, 1970). Das Wesen des Interviews besteht darin, die Gesprächssituation vom Therapeuten aus möglichst unstrukturiert zu lassen. Der Therapeut versucht wahrzunehmen, was sich konstelliert, er achtet nicht nur auf das gesprochene Wort, sondern versucht, übersetzend zu verstehen, was der Patient auch averbal ausdrückt. Dabei ist ganz wesentlich, daß auf die interaktionellen Vorgänge geachtet wird, insbesondere auf die eigenen Gefühle, die im Therapeuten entstehen. Dabei wird oft angenommen, der Interviewer müsse in jedem Falle schweigen. Dies scheint mir ein Irrtum zu sein. Natürlich läuft es in der Praxis des erfahrenen Interviewers oft so ab, daß sich überwiegend der Patient äußert. Der Interviewer beschränkt sich auf sogenannte Interventionen, die sich allerdings auf das bisher vom Patienten Gesagte bzw. Ausgedrückte beziehen. Dabei kann es durchaus zu einer gezielten Frage kommen und der Patient kann dabei mit Unstimmigkeiten konfrontiert werden.

Im Gespräch versucht der Therapeut oft für den Patienten Zusammenhänge zu klären (etwa: »Habe ich Sie richtig verstanden, daß Sie sich eigentlich eine nicht-sexuelle Partnerbeziehung vorgestellt hatten?«) oder aber er deutet unbewußte Zusammenhänge. Allerdings sollte man dies im Erstinterview möglichst nicht praktizieren, allenfalls in Form einer Probedeutung, um zu sehen, wie der Patient reagiert. Dies gilt insbesondere für psychoanalytisch orientierte Therapieverfahren.

Gezielte Fragen, die ein neues Thema betreffen, würden allerdings eine Strukturierung bedeuten, die aus dem Rahmen dieses Konzeptes herausfiele.

Man kann den Patienten auch mit nicht Gesagtem konfrontieren (beispielsweise: »Mir ist aufgefallen, Sie haben bis jetzt nur von Ihrem Kind erzählt, und Ihren Mann noch gar nicht erwähnt.«).

Bei diesem Vorgehen erhält der Therapeut Informationen auf unterschiedlichen Ebenen. Im Unterschied zu einer strukturierteren Gesprächsform erschließen sich ihm wesentliche neue Quellen von Informationen.

Argelander (1970) unterscheidet die objektiven, beispielsweise die im Gespräch erwähnten Fakten der Lebenssituation und der Lebensgeschichte, von den subjektiven Informationen.

Durch die unstrukturierte Situation liefert der Patient die Bedeutung seiner Lebensdaten, die subjektive Information. So ist es etwa von Bedeutung, ob der Patient von dieser oder jener Bezugsperson ausführlich spricht oder von einer anderen Bezugsperson nichts erwähnt. Diese subjektive Bedeutung seiner Erlebnisse würde beim katalogmäßigen Abfragen völlig verschüttet bleiben.

Eine weitere Art von Informationen bezeichnet Argelander (1970) mit »szenischer Information«. Dabei kommt es darauf an wahrzunehmen, was das Unbewußte des Patienten in der Gesprächssituation in Szene setzt. Dies ist etwas schwierig zu verstehen, deshalb soll hier ein Beispiel angeführt werden (Argelander: »Das Erstinterview in der Psychotherapie«, S. 18):

»Ein Herr, Anfang sechzig, Jurist in hoher Staatsstellung, kam, um in familiären Angelegenheiten Rat und Hilfe zu erlangen. Der Mann war trotz der bestehenden sommerlichen Hitze äußerst korrekt, beinahe feierlich gekleidet. Er schilderte zunächst den Grund seines Kommens und hatte sein ›Referat‹ gründlich vorbereitet. Dazu benutzte er eine Art von Akte, um sich über, für die psychologischen Zusammenhänge gänzlich unbedeutsamen Daten, exakt zu informieren und eventuell vorher Gesagtes zu korrigieren. Er wunderte sich etwas, daß der Interviewer für mitgebrachte Schriftstücke wenig Interesse zeigte. Erst nach 25 Minuten ging der Ratsuchende auf seine Familienverhältnisse ein. Er gab von seiner Frau und den kleinen und teilweise auch schon erwachsenen Kindern (Söhnen) kaum mehr als die Personalien an. Nun schwieg er und schaute erwartungsvoll auf den Interviewer.«

Dies ist die Schilderung einer ganz bestimmten Interviewszene: Der Patient trägt hier eine Art Perfektionismus vor, die fast ein wenig ärgerlich macht. Er gibt sich absolut unangreifbar, »versteckt« sich hinter seiner äußerst korrekten Kleidung (trotz sommerlicher Hitze), kann nicht spontan etwas über sich erzählen, kommt ja auch in familiären Angelegenheiten und »versteckt« sich hinter seiner Akte, die er zu Hause sorgfältig vorbereitet hat.

»... Der Untersucher fragte deshalb bewußt freundlich und milde, ob es denn nicht für Kinder, vor allem für Söhne schwer sei, einen so erfolgreichen und tüchtigen Vater zu haben, man könne ihm kaum erreichen, geschweige denn, ihn etwa überflügeln.«

Der Interviewer geht davon aus, daß das, was das Unbewußte des Patienten hier in Szene gesetzt hat, sich wohl auch in der Interaktion zu seinen Söhnen abspielt. Er versucht durch die deutende Intervention, ihm seinen Anteil daran bewußtzumachen.

Eine solche Gesprächsform bedarf einer großen Erfahrung; vor allem muß diese spezielle Wahrnehmungsfunktion immer wieder geübt werden, indem eigene Interviews mit erfahrenen Kollegen durchgesprochen werden. Zu diesem Zwecke sollten die Interviews auf Ton- bzw. Videoband aufgenommen werden.

1.3. Die biographische Anamnese

Bei der biographischen Anamnese kommt es darauf an, die Lebensgeschichte des Patienten im Sinne seiner Erlebensgeschichte zu erfassen. Man versucht sowohl alle körperlichen und psychosozialen Ereignisse einer Persönlichkeit und die Art, wie diese Persönlichkeit darauf reagiert hat, zu erfassen. Die Erhebung der biographischen Anamnese erweitert die Geschichte der erkrankten Persönlichkeit (Clauser, 1963). Es wird versucht, Erkrankungen mit bestimmten Lebenssituationen zu korrelieren, um die Entwicklung der Krankheit im Spannungsfeld der Erlebnisverarbeitung letztlich auch für den Patienten selbst verständlich zu machen.

Die Erhebung der biographischen Anamnese unterscheidet sich hinsichtlich der Gesprächsführung durchaus vom Interview, indem mehr und gezielter gefragt werden muß. Aber auch dabei sollte man darauf achten, daß man möglichst offene und ungerichtete Fragen stellt, mit denen man den Patienten auf bestimmte biographische Ereignisse bringt, bei denen er sich dann selbst in seiner Darstellung frei entfalten sollte.

Für das praktische Vorgehen hat Clauser einige Ratschläge gegeben, die hier in etwas modifizierter Form dargestellt werden sollen. Man versucht dabei möglichst ein chronologisches Vorgehen und beginnt beispielsweise mit der Familienatmosphäre, mit Alter und Beruf der Eltern, man bittet Wesen bzw. Eigenarten der Elternteile im einzelnen zu schildern, darzustellen wie die jeweiligen Erziehungsmittel waren, wie die Beziehung insgesamt war bzw. heute ist. Mit der Frage: »Wem sind Sie eigentlich mehr nachgeschlagen, dem Vater oder der Mutter?« bekommt man häufig die Auskunft darüber, mit wem sich der Patient am ehesten identifiziert.

Zu der Familienatmosphäre gehört auch die Geschwistersituation, die Stellung in der Geschwisterreihe und die Beziehungen der Geschwister untereinander.

Bei der frühen Kindheitsentwicklung kommt es nicht nur darauf an, ob sie regelrecht verlaufen ist, sondern es kommt auch darauf an, ob bereits »nervöse« Störungen wie Einnässen zu einem bestimmten Zeitpunkt, Nägelkauen, Angstzustände, Eßstörungen, Schlafstörungen etc. aufgetreten sind. Auch das Spielverhalten sowie die soziologische Stellung innerhalb der Spielgruppe, also ob der Patient z. B. eher Anführer, Mitläufer oder Außenseiter war, kann sehr aufschlußreich sein.

Natürlich spielt die Schulzeit eine wichtige Rolle bezüglich der Begabungen, Neigungen, der Leistungen und der Verhältnisse zu Lehrern und Mitschülern. Von der Schulzeit aus kann man unter Umständen die Chronologie verlassen und auf die weitere berufliche Ausbildung und den beruflichen Werdegang einschließlich der aktuellen beruflichen Situation kommen.

Daneben ist oft die Entwicklung von freundschaftlichen Beziehungen, Partnerschaften, Ehe und Familie sehr bedeutsam. Auch die Gestaltung der Freizeit, die ja heute einen immer breiteren und wohl auch wichtigeren Raum einnimmt, sollte man sich vom Patienten ausführlich schildern lassen.

Neben der Darstellung der persönlichen und der beruflichen Entwicklung fragt man weiter nach Krankheiten, Unfällen, Kur-, Sanatoriums- oder Krankenhausaufenthalten, damit man über die zeitliche Korrelation der Ereignisse zu den Erlebniszusammenhängen kommen kann.

So gibt es Patienten, die an allen sogenannten Schwellensituationen des Lebens, also z. B. bei der Einschulung, bei Beginn der Lehrzeit, in der Pubertät, bei der Eheschließung, bei Umzügen etc. erkrankten. Bei einer genauen Analyse stellt man dann oft fest, daß es sich um neurotische oder psychosomatische Dekompensationen handelt.
Viele Therapeuten lassen auch – besonders im Rahmen der stationären Psychotherapie – vom Patienten einen entsprechenden »Lebensbericht« schreiben. Clauser hat dazu eine sehr brauchbare Anleitung gegeben. Der Patient wird angeregt, seine bisherige »Erlebensgeschichte« zu rekonstruieren, indem er sie niederschreibt. Die Schwierigkeiten, die der Patient beim Schildern bestimmter Ereignisse, Lebensbereiche oder Lebenssituationen hat, bieten dann oft einen sehr guten Einstieg in die nachfolgende psychotherapeutische Behandlung.

Anleitung zum Lebensbericht für den Patienten
(Clauser, 1967, S. 78)

Beachten Sie im *allgemeinen:*
- Schreiben Sie keinen üblichen »Lebenslauf«, sondern einen »Erlebnisbericht« über Ihr Leben, also das, was *Sie* im guten und schlechten Sinne »mitgemacht« haben.
- Sie müssen sich nicht unbedingt an die zeitliche Reihenfolge Ihrer Erinnerungen oder Ihrer Erlebnisse halten (vermerken Sie jeweils Jahreszahl oder Datum).
- Schreiben Sie alles, wovon Sie glauben, daß es für Sie typisch ist, auch das, was Sie aus Erzählungen anderer über sich wissen.
- Schreiben Sie alles, wovon Sie glauben, daß es für Ihre Entwicklung wesentlich oder richtungweisend war.
- Erwähnen Sie darüber hinaus alles, was Ihnen beim Schreiben einfällt, auch dann, wenn Sie es für unwichtig halten.

Beachten Sie im *einzelnen:*
- Die Familienatmosphäre, aus der Sie stammen.
- Besonderheiten in der weiteren Familie (Krankheiten, Gewohnheiten, Eigenarten).
- Ihr Verhältnis zu Vater und Mutter. (Worin schlagen Sie dem einen oder worin dem anderen Elternteil nach?)
- Das wievielte Kind sind Sie?
- Das Verhältnis aller Geschwister untereinander und zu den Eltern.
- Ihre früheste Lebenserinnerung.
- Den Verlauf Ihrer Kindheit. (Welche Spiele und Beschäftigungen liebten Sie?)
- Welche Erwachsenen Einfluß auf Ihre Entwicklung hatten und wer Sie erzogen hat.
- Den Verlauf Ihrer Schulzeit (Verhältnis zu Lehrern und Mitschülern, eigene Neigungen, Begabungen, Leistungen).

- Ihre »Entwicklungsjahre«. (Wurden Sie aufgeklärt? Von wem, wann und wie?)
- Krankheiten, Unfälle, Kur-, Sanatoriums- oder Krankenhausaufenthalte.
- Ihre Versicherungs-Verhältnisse (Kranken-, Lebens-, Haftpflicht-, Risiko-, Sterbe-, Alters-Versicherungen, Pensionen und Renten).
- Ihre Einstellung zu Essen und Trinken, Sport und Spiel, Geld und Besitz, Mode und Schmuck.
- Ihre Stellung in der Gemeinschaft, in Parteien und Vereinen (aktives Mitglied, Anführer, Initiator, Funktionär, passives Mitglied, Mitläufer usw.), Freundschaften, Feindschaften.
- Ihre Einstellung zum Beruf (Berufswahl, Berufsausbildung, Berufswechsel, Berufspläne).
- Ihre Einstellung zu Liebe, Ehe und Familie (Partnerwahl, Erotik, Eheleben, Kindererziehung).
- Die Gestaltung Ihrer Freizeit.
- Wie Sie Ihr Leben gestalten würden, wenn Sie gesund wären.

Lassen Sie sich durch vorstehende Richtlinien nicht festlegen oder einengen.
Schildern Sie den Verlauf Ihres Lebens!

1.4. Praktische Synthese

In der Praxis hat sich ein kombiniertes Vorgehen außerordentlich bewährt, indem der Therapeut versucht, die Vorteile der unstrukturierten Gesprächssituation mit vor allem subjektiven und szenischen Informationen und der etwas aktiveren Gesprächsführung hinsichtlich biographischer Daten entweder innerhalb eines Gesprächstermins von mindestens 50 Minuten oder an zwei oder mehr Gesprächsterminen miteinander zu verbinden.
In der Praxis gestaltet sich ein solches Gespräch nach den oben beschriebenen äußeren Bedingungen etwa wie folgt:
In der Einleitungsphase versucht der Therapeut möglichst die Aktivität weitgehend dem Patienten zu überlassen, indem man möglichst ungerichtet fragt (z. B.: »Was führt Sie denn zu mir?«). Dabei versucht man mit wohlwollender, möglichst freischwebender Aufmerksamkeit, dem Patienten ein Gefühl des Vertrauens zu vermitteln, und man versucht den Patienten, auch in dem was er averbal ausdrückt, einfühlend zu verstehen.

Im allgemeinen berichtet der Patient über seine Beschwerden. Wenn der Gesprächsfluß stoppt, dann sollte der Therapeut durch unterstützende Bemerkungen den Redefluß des Patienten in Gang halten, ihn vielleicht anregen, Aussagen zu verdeutlichen oder durch konkrete Beispiele anschaulich zu machen und auch seine Gefühle und Empfindungen in Worte zu fassen. Man wiederholt beispielsweise den letzten Satz des Patienten: »... Es war Ihnen übel? Ja?...« oder »... Merken Sie sonst noch etwas?« ... oder »... Habe ich Sie richtig verstanden, daß die Angstzustände immer nur auftreten, wenn Sie alleine sind?«

Ein wichtiges Ziel ist es, den Patienten auf die sogenannte auslösende Situation zu bringen. Bei der auslösenden Situation handelt es sich meistens um Versuchungs- oder Versagungssituationen, die häufig einen Einblick in vorliegende pathogene Konflikte oder in die dahinter steckende Psychodynamik geben. Man erkundigt sich also nach der äußeren und inneren Situation des Patienten bei Beginn der Symptomatik oder beim Symptomwandel.

Bei der auslösenden Situation handelt es sich nicht immer um schwerwiegende äußere Ereignisse wie Tod einer Bezugsperson oder sonstige schwere Schicksalsschläge. Oft verbirgt sich die auslösende Situation hinter so banalen Ereignissen, daß es dem Patienten selber meist gar nicht bewußt ist.

Um das Leiden hinsichtlich seiner Genese und auf dem Hintergrund der entsprechenden Persönlichkeitsstruktur verstehen zu können, bedarf es einer Vervollständigung der biographischen Anamnese in der Weise, daß man in der oben beschriebenen Art auf Familienatmosphäre, seelische und körperliche Entwicklung, auf frühere Krankheiten, auf Schulzeit, Beruf, Partnerschaft, Freizeitgestaltung, Eigenarten und Pläne für die Zukunft etc. eingeht.

1.5. Schwierigkeiten beim Untersuchungsgespräch

In der klinischen Praxis ergeben sich erfahrungsgemäß immer wieder eine Reihe von Schwierigkeiten, deren Hintergründe man häufig in der Gesprächssituation erspüren muß. Dabei hat es der erfahrene Therapeut verständlicherweise leichter. Ohne Anspruch auf Vollständigkeit sollen nachfolgend einige immer wieder vorkommende Schwierigkeiten besprochen werden.

1.5.1. Der Patient schweigt

Beim Schweigen sollte man erspüren, welcher Hintergrund besteht. Manche Patienten begeben sich in eine passive Rolle, erwarten, daß der Therapeut fragt oder aber sie meinen, der Therapeut müsse ihre Beschwerden und Nöte eigentlich längst erspürt haben. In diesem Fall sollte man den Patienten ermutigen, noch etwas über seine Beschwerden oder über sich zu erzählen, damit »ich mir ein Bild machen kann«, oder man signalisiert Verständnis für die Situation des Patienten (z. B.: »Es fällt Ihnen offenbar schwer, spontan etwas über sich zu erzählen.«).
Häufig bittet der Patient, der Therapeut solle Fragen stellen. Ich versuche dann immer zu erklären, daß ich – wenn ich eine Frage stelle – die Themen des Gespräches vorgebe, und ich ermutige den Patienten, spontan zu erzählen, ohne Rücksicht darauf, ob er es im Moment für wichtig oder angebracht halte.
Manchmal hat das Schweigen einen etwas aggressiven Hintergrund. Der Patient konstelliert eine Art Machtkampf nach dem Motto, wer hält es denn nun länger aus, du oder ich. Darauf sollte man sich nicht einlassen, sondern der Therapeut sollte versuchen, die Situation im hier und jetzt zur Sprache zu bringen.

1.5.2. Der Patient weint

Wenn der Patient anfängt zu weinen, dann fühlt sich vor allem der noch Unerfahrene befangen. Er meint, er müsse etwas sagen oder tun, er müsse den Patienten trösten. Dabei ist das Weinen etwas Natürliches und der adäquate Ausdruck eines meist traurigen Affektes, was den Patienten oft Erleichterung verschafft. Man sollte den Patienten weinen lassen, denn in unserer Zeit wird der Ausdruck solcher Gefühle nicht immer zugelassen.
Wenn man bemerkt, daß der Patient zu weinen beginnt, dann kann man ihn sogar ermuntern (»Es ist gar nicht schlimm, wenn Sie hier weinen.«).
Der Patient sollte vor allem über die dahinterstehenden quälenden Ereignisse, wie z. B. über den Verlust einer geliebten Bezugsperson, sprechen. Der Therapeut sollte versuchen, dem Patienten seine echte und mitfühlende Teilnahme zu signalisieren.
Manche jüngeren Ärzte nehmen bei sich den Impuls wahr, den weinenden Patienten in den Arm zu nehmen, und ihn zu streicheln

und so zu trösten. Im allgemeinen ist der Körperkontakt zwischen Psychotherapeut und Patienten eine problematische Sache, und besonders dem Unerfahrenen ist unbedingt davon abzuraten; denn dieses Verhalten kann im Patienten, eventuell auch im Therapeuten, unerwartete Ängste vor zu großer Nähe mobilisieren.

1.5.3. Der aggressive Patient

Es kommt immer wieder vor, daß Patienten (wir sprechen hier natürlich nicht von psychotischen Patienten) sehr ärgerlich in das Gespräch kommen und sich aggressiv, abweisend oder trotzig verhalten.
Dabei ist zunächst einmal zu bedenken, ob der Ärger des Patienten nicht begründet und realitätsgerecht ist. Wenn man z. B. den Patienten über Gebühr hat warten lassen und findet zu Beginn nicht ein einziges Wort der Erklärung oder Entschuldigung, dann ist der Patient berechtigt, ärgerlich zu sein. Das Fehlen des Ärgers würde unter Umständen sogar auf eine entsprechende aggressiv-gehemmte Struktur hinweisen. Am besten man spricht die Situation offen an und versucht zu verstehen, warum der Patient ärgerlich ist.
Häufig verbergen sich hinter dem Ärgerausdruck des Patienten erhebliche Ängste und diese Situation läßt sich nicht bewältigen. Dann kann der Therapeut dem Patienten den Vorschlag machen, sich zu einem anderen Gesprächstermin zu treffen oder er macht ihm den Vorschlag, es mit einem Kollegen zu versuchen.

Zusammenfassung

Den klinischen Zugang zum Patienten bekommt man über das Gespräch. Dieses ist die wichtigste Untersuchungs- und Behandlungsmethode der Psychotherapie. Bei einem therapeutischen Gespräch verläßt der Arzt oder der Therapeut die Rolle des distanzierten Betrachters; er übernimmt vielmehr die Rolle eines teilnehmenden bzw. engagierten Beobachters, der sich um den Aufbau einer vertrauensvollen Beziehung zum Patienten bemüht und der versucht, das was der Patient ausdrückt, einfühlend zu verstehen.
In der Psychotherapie haben sich dabei unterschiedliche Gesprächs-

konzepte entwickelt. Die möglichst unstrukturierte Gesprächssituation (Interview) hat den Vorteil, daß man einen Einblick bekommt in das für den Patienten Bedeutsame (subjektive Information). Außerdem ist die Wahrnehmung dessen, was sich unbewußt szenisch konstelliert, von enormer Wichtigkeit. Hinzu kommt die biographische Anamnese, eine Form der Erlebensgeschichte des Patienten, bei der zunächst Erkrankungen und biographische Daten miteinander in Beziehung gesetzt werden mit dem Ziel, den kranken Menschen in den vielfältigen Verflechtungen seiner somatischen, psychischen und sozialen Dimensionen zu verstehen. Bei der biographischen Anamnese sollten die Themen der Familienanamnese, der frühen und späteren Kindheit, die Schul- und Berufsausbildung, die berufliche Stellung, ferner Sexualität, Partnerbeziehung und Ehe sowie soziale, kulturelle Interessen und Freizeitgestaltung, außerdem Lebensgewohnheiten und erlebte Krankheiten durchgesprochen werden.
Eine besondere Bedeutung haben die sogenannten auslösenden Situationen, die häufig einen Einblick in die pathogenen Konfliktsituationen geben.
Häufig auftretende Schwierigkeiten beim Interview, wie der schweigende, der weinende und der ärgerliche Patient können häufig auf der Grundlage des einfühlenden Verstehens und des Ansprechens im hier und jetzt positiv bewältigt werden.
Zum Abschluß des Gesprächs sollte man sich gemeinsam darüber klarwerden, ob ein weiterer Gesprächstermin vereinbart werden sollte, ob eine Probebehandlung begonnen werden kann, ob eine stationäre oder eine ambulante Psychotherapie bei einem der niedergelassenen Kollegen geeignet sei, ober ob man von weiteren psychotherapeutischen Bemühungen vorerst Abstand nehmen sollte.

Kontrollfragen

1.1. Welches ist die wichtigste Untersuchungsmethode in der Psychotherapie?
1.2. Beschreiben Sie wesentliche Merkmale des modernen Krankheitsbegriffes.
1.3. Erklären Sie die wichtigsten Unterschiede der Gesprächsführung in einem Interview und bei der Anamnesenerhebung.
1.4. Beschreiben Sie die Rolle des Therapeuten beim Interview.
1.5. Was sind Interventionen in einem Interview?
1.6. Welche Informationsebenen unterscheidet Argelander beim Interview?
1.7. Worauf kommt es allgemein bei der Erhebung der biographischen Anamnese an?

2. Die psychoanalytische Theorie

Die psychoanalytische Theorie wurde von S. Freud begründet. Um seine Denkweise und seine Begriffswelt zu verstehen, muß man den sozio-kulturellen Hintergrund des späten 19. und frühen 20. Jahrhunderts mit einbeziehen, ebenso den persönlichen Werdegang Freuds.

Er war naturwissenschaftlich ausgebildeter Arzt und zunächst Forscher im Bereich der Physiologie. Seine psychisch-energetischen Vorstellungen und der Determinismus im psychischen Geschehen haben sicher dort ihre Wurzeln. Auch der Einfluß der neurologischen Forschung dieser Zeit über hirnanatomische Instanzen und Strukturen, die hierarchisch und topographisch einander überlagern und durch assoziative Netzwerke miteinander verknüpft sind, hat sich in der Begriffswelt der psychoanalytischen Theorie niedergeschlagen. Nicht zu vergessen ist ferner die Darwinsche Evolutionstheorie, die Freuds entwicklungspsychologische Vorstellungen geprägt haben (Rapaport, 1973). Schließlich muß die Beschäftigung und Auseinandersetzung mit der Hypnose erwähnt werden, die Freud bei Charcot in Paris und bei Liebault in Nancy gelernt hatte.

Die Psychoanalyse als Behandlungsform psychogener Störungen und die Entwicklung der psychoanalytischen Theorie sind eng miteinander verflochten.

Freud ist praktisch so vorgegangen, daß er sich mit Patienten, die an neurotischen Störungen litten, zusammengesetzt hat. Er selbst hat die Gesprächssituation thematisch nicht strukturiert, nur die Patienten aufgefordert, möglichst spontan alles zu berichten, was in ihnen an Gedanken, Phantasien, Erinnerungen, Gefühlen usw. vorging.

Er hat durch »gleichschwebende Aufmerksamkeit« versucht zu verstehen, zu beobachten, wahrzunehmen. All das, was wir in dem Kapitel über das Interview beschrieben haben, hat Freud teilweise intuitiv und auch teilweise aus theoretischen Überlegungen heraus angewandt.

Aus dem vielfältigen Material, das die Patienten zur Sprache brachten und aus den Erfahrungen in der Behandlungssituation hat Freud Hypothesen abgeleitet, etwa die, daß die Ätiologie der Neurosen mit traumatischen sexuellen Erfahrungen in der Kindheit zusammenhänge. Darauf baute er dann Schritt für Schritt eine Theorie auf, die durch

Einführung von Konstruktbegriffen (Kunstnamen) ein immer höheres Abstraktionsniveau erhielt. Diese Theorie mit den zahlreichen Konstruktbegriffen ist zwar einer direkten Beobachtung oder Erfahrung kaum mehr zugänglich, sie »wird aber nach Umfang, Detailliertheit und klinischem Erklärungspotential von keiner anderen psychologischen Theorie der Gegenwart übertroffen« (Mitscherlich und Vogel, 1965, S. 760).

Freud verstand die Psychoanalyse als empirische Wissenschaft, wobei Empirie nicht nur die Beobachtung sichtbaren Verhaltens mit äußeren Sinnen wie Sehen, Hören, Tasten bedeutet, sondern vor allem die teilnehmende Beobachtung, die Empathie, also jenes einfühlende Verstehen, wodurch erst ein Zugang zu der privaten, individuellen Welt des Patienten möglich wird. Dieser Zugang wird darüber hinaus durch die Vorgänge der Übertragung und Gegenübertragung vermittelt, d. h. durch die Art und Weise, wie der Patient bestimmte früher erlernte Interaktionsmuster am Analytiker wiederholt und auch im Analytiker entsprechende Gefühle auslöst.

Als wesentlicher Hintergrund der psychoanalytischen Hypothesen und der psychoanalytischen Theorie ist also diese spezifische Behandlungssituation mit der besonderen Beachtung der Interaktionsebene zu sehen.

Die Psychoanalyse beschäftigte sich zunächst mit neurotischen Patienten. Inzwischen ist die psychoanalytische Theorie ein Stück allgemeiner Psychologie geworden und nach Rapaport ist das Objekt der Psychoanalyse Verhalten. »Verhalten wird dabei im weitesten Sinne definiert und umfaßt sowohl Gefühl wie Denken als sichtbares Verhalten, ›normales‹ als auch ›pathologisches‹ Verhalten, häufige wie einmalige Verhaltensformen« (Rapaport, 1973, S. 43).

Dieses Verhalten kann nun jeweils gleichzeitig unter verschiedenen Aspekten beschrieben werden, von denen die wichtigsten im folgenden skizziert werden sollen.

2.1. Entscheidende Determinanten des Verhaltens sind unbewußt: Topographischer Gesichtspunkt

Freud konzipierte aufgrund seiner klinischen Erfahrungen ein System psychischer Lokalitäten (Topik), indem er den »psychischen Apparat«

in ein System Unbewußtes* (Ubw), Vorbewußtes (Vbw) und Bewußtes (Bw) einteilte. Er mußte allerdings die früher sicher gehegte Hoffnung auf Entsprechungen im hirnanatomischen Bereich bald aufgeben.

»Es klafft hier eine Lücke, deren Ausfüllung derzeit nicht möglich ist, auch nicht zu den Aufgaben der Psychologie gehört. Unsere psychische Topik hat *vorläufig* nichts mit der Anatomie zu tun; sie bezieht sich auf Regionen des seelischen Apparats, wo immer sie im Körper gelegen sein mögen und nicht auf anatomische Örtlichkeiten« (Freud, Bd. X, S. 273).

Die Annahme von unbewußten seelischen Vorgängen ist ein bedeutender Eckpfeiler der psychoanalytischen Theorie. Seelische Vorgänge bekommen dadurch eine Tiefendimension, deshalb hat auch die Psychoanalyse den Namen »Tiefenpsychologie« erhalten.

Freuds Konzeption des Unbewußten entstammt seiner Beschäftigung mit der Hypnose und mit einer Gruppe von Kranken, die an hysterischen Störungen litten. Freud hat sich bei Charcot in Paris und bei Bernheim und Liebault in Nancy intensiv mit der Hypnose beschäftigt. Er studierte u.a. das Phänomen der posthypnotischen Suggestion. Eine Versuchsperson wird z.B. in Hypnose versetzt und man sagt ihr während der Hypnose, daß sie nach dem Aufwachen das Fenster öffnen solle. Diese Versuchsperson handelt nach der Zurücknahme der Hypnose entsprechend und wird nun gefragt, warum sie das Fenster öffne. Die Person sagt etwa, es sei ihr sehr warm in diesem Raum. Das wahre Motiv ist ihr indes nicht bewußt. Freud nahm nun an, daß diese posthypnotische Suggestion über einen »zweiten Bewußtseinszustand« wirksam war.

Noch deutlicher drängte sich ihm die Konzeption des seelisch Unbewußten auf, als er sich mit Patienten beschäftigte, die an hysterischen Symptomen litten. Diese Symptome waren zur damaligen Zeit ganz und gar unverständlich, die Lähmungen, Anfälle, Bewußtseinsausfälle, Schmerzzustände usw. »benehmen sich, wie wenn es eine Gehirnanatomie nicht gäbe« (Bally, 1971, S. 12). Neurologische Ausfälle manifestieren sich klinisch streng nach dem Aufbau des zentralen bzw. peripheren Nervensystems. Bei intensiver Beschäftigung mit diesen Kranken stellte sich heraus, daß diese anatomisch völlig unver-

* Freud schlug in seiner Arbeit »Einige Bemerkungen über den Begriff des Unbewußten in der Psychoanalyse« (1913) als Bezeichnung des Systems die Buchstaben »Ubw«, eine Abkürzung des Wortes »Unbewußt« vor. Gleiches gilt für »Vbw« und »Bw«.

ständlichen Symptome in Zusammenhang standen mit Vorstellungen, Wünschen, Ängsten und Affekten, die dem Bewußtsein der Kranken offenbar unverträglich und aus dem Bewußtsein ausgespart waren. Wenn es gelang, diese peinlichen Vorstellungen in Verbindung mit dem Affekt in das Bewußtsein zurückzurufen, den Affekt abzureagieren und durch Verbalisierung in das bewußte Leben zu integrieren, so verschwanden die Symptome.

Ferner studierte Freud psychologische Phänomene wie Fehlleistungen und Träume und stellte fest, daß auch diese Phänomene wesentlich vom Unbewußten her determiniert waren.

Freud war sicher fasziniert von der Dimension des Unbewußten, denn früher hatte man seelische Vorgänge mit dem Bewußtsein bzw. den bewußten Vorgängen gleichgesetzt. Freud zeigte jedoch, daß der Mensch von seinem Unbewußten her wesentlich determiniert ist. Dies bedeutete für die traditionelle Auffassung vom Menschen, bei der die Vernunft die wesentliche Dimension sei, eine schwere Kränkung.

Das Ausmaß des bewußten bzw. unbewußten Bereiches verglich Freud mit einem Eisberg, von dem meist nur eine kleine Spitze zu sehen ist, während die viel größere Basis sich unter der Wasseroberfläche befindet.

Was die Inhalte des Unbewußten angeht, so führte Freud vor allem Triebkräfte an, die in Form und Vorstellungen, Phantasien, Wünschen, Affekten im Unbewußten als deren Abkömmlinge existieren und ständig in die Beweggründe menschlichen Verhaltens einfließen. Dazu gehören vor allem auch jene Vorstellungen, die vom Bewußtsein nicht geduldet und deshalb verdrängt bzw. abgewehrt werden; in bestimmten Situationen jedoch wieder »auftauchen« (Wiederkehr des Verdrängten) und immer wieder abgewehrt werden müssen.

Eine ganz wesentliche Entdeckung bestand darin, daß die Inhalte des Unbewußten nicht nur einfach nicht bewußt sind, sondern daß auch im Unbewußten ganz andere Gesetze und Funktionsweisen vorherrschen, die Freud unter dem Begriff des »Primärvorganges« beschrieb. Die Funktionsweisen des Primärvorganges sind zusammenfassend darzustellen durch das vorherrschende Lustprinzip, welches Freud in Gegensatz zum Realitätsprinzip stellte. Beim Lustprinzip handelt es sich darum, daß die gesamte Aktivität darauf ausgerichtet ist, Lust zu verschaffen und Unlust zu vermeiden. Beim Realitätsprinzip, welches sich erst später entwickelt und eine bedeutende Ich-Leistung darstellt, »wird nicht mehr vorgestellt was angenehm ist, sondern was real (ist), auch wenn es unangenehm sein sollte« (Freud, Bd. VIII, S. 232).

Weitere Mechanismen des Primärvorganges bestehen in

- ausschließlich bildhafter Darstellung auch von abstrakten Sachverhalten;
- symbolischen Darstellungen;
- Verdichtung und Verschiebung (Beweglichkeit der Energiebesetzungen);
- Ersetzung der äußeren Realität durch die psychische, Zeitlosigkeit und Widerspruchslosigkeit, indem Gegensätze nebeneinander existieren können.

Eine wesentliche Quelle zur Erforschung der Funktionsweisen des Unbewußten war die wissenschaftliche Auseinandersetzung mit Träumen. In der damaligen wissenschaftlichen Auffassung wurde der Traum für ein unsinniges, sogar pathologisches Produkt des Seelenlebens gehalten. Freud jedoch kam nach jahrelanger intensiver Forschung auch an seinen eigenen Träumen zu der Erkenntnis, daß der Traum durchaus einen psychologischen Sinn hat, indem er etwas Wesentliches über den Seelenzustand des Träumers aussagt. Der Traum hat einen formalen Aufbau, eine Struktur mit gewissen Gesetzmäßigkeiten und ihm kommt eine psycho-hygienische Funktion zu, indem er gewisse unerledigt gebliebene Wünsche bis zu einem gewissen Grad aufarbeiten kann.

Freud behauptete, der Traum habe den Sinn, unerledigt gebliebene Bedürfnisse oder Wünsche in halluzinatorischer Form zu erfüllen. Belege dafür bekam er aus Träumen von Menschen, die ihre Bedürfnisse sehr lang aufschieben mußten (z. B. von Expeditionsteilnehmern), ferner aus Kinderträumen.

Ein sechsjähriger Junge z. B. hatte an einem Nachmittag den Auftrag bekommen, einen Korb Kirschen zur Nachbarin zu bringen. Es war ihm aufgetragen worden, ja nicht von den Kirschen zu naschen. Der Junge führte diesen Auftrag aus, der Wunsch von diesen köstlichen Kirschen zu essen war wohl unerledigt geblieben, denn er träumt in der folgenden Nacht und erzählte dies am kommenden Morgen: »Hermann alle Kirschen gegessen«.

Wesentlich daran ist, daß der Wunsch tatsächlich als erfüllt geträumt wird, das Optativ wird im Traum zum Präsens. Freud hat seine Wunscherfüllungstheorie ausgedehnt auf die Behauptung, in jedem Traum finde sich eine halluzinatorische Wunscherfüllung infantil verdrängter, unerledigt gebliebener Bedürfnisse und Wünsche, die unter Umständen durch Ereignisse des Tages (Tagesreste) wieder mobilisiert worden sind.

Zum strukturellen Aufbau des Traumes unterscheidet Freud zwei Begriffe:

- den manifesten Trauminhalt,
- den dahintersteckenden latenten Trauminhalt.

Die Freudsche Traumtheorie ist also gewissermaßen eine Fassadentheorie. Das was der Träumer uns in seinem manifesten Traum berichten kann, ist immer eine Fassade; es steckt etwas anderes dahinter. Die Umwandlung von latentem Trauminhalt in manifesten Traum nannte Freud die Traumarbeit, der umgekehrte Weg, die Rückführung des manifesten Traumes auf den latenten Trauminhalt wäre dann die Traumdeutung.

Bei der Betrachtung der Traumarbeit bzw. deren Mechanismen werden nun einige oben angeführte primärprozeßhafte Funktionsweisen vielleicht etwas deutlicher. Der manifeste Traum muß nämlich in seiner Darstellung ausschließlich auf bildhaftes Material zurückgreifen, so daß ein abstrakter Sachverhalt wie z. B. das »Besitzen« durch körperliches Draufsitzen, oder ein Ehebruch z. B. in Form eines Armbruches dargestellt werden kann. Darüber hinaus ist der manifeste Traum sehr reich an symbolhafter Bedeutung, allerdings ist es bei der Traumdeutung in der Praxis unzulässig, aus einem Symbolkatalog ohne weiteres die Übersetzung zu vollziehen.

Weitere wesentliche Mechanismen der Traumarbeit und auch der Primärprozesse sind die Verdichtung und Verschiebung. Das Phänomen der Verdichtung haben wir z. B. dann vor uns, wenn wir von einer Mischperson träumen. Wir träumen von einer Person A, diese Person A trägt eine Brille, wie z. B. die Person B, ist aber gekleidet wie Person C.

Auch finden wir die Verdichtung in der Mythologie, z. B. die ägyptische Sphinx als Verdichtung von menschlicher und tierischer (Löwen-) Gestalt. Bei Verdichtungen ist jedes manifeste Element durch mehrere latente Bedeutungen determiniert oder überdeterminiert und die manifeste Erzählung ist dadurch stets lakonischer im Vergleich zum latenten Inhalt.

Der Vorgang der Verschiebung beruht auf der Annahme, daß im Unbewußten sich die Vorstellungen von ihren Affekten trennen, und daß diese Affekte sich dann an anderen Vorstellungen anknüpfen können, daß z. B. dann andere Vorstellungen eine subjektive und affektive Bedeutung bekommen.

Klinisch finden wir die Verschiebung z. B. bei der Phobie vor, wobei die Angst, die möglicherweise mit einem abgewehrten exhibitionistischen Impuls in Verbindung steht, auf die Überquerung eines freien Platzes verschoben wird (Agoraphobie), wobei man zunächst den Vorteil hat, daß man die Furcht vermeiden kann.

All die beschriebenen Mechanismen der Traumarbeit haben den Sinn, infantil verdrängte Wünsche so zu verschlüsseln und zu entstellen, daß wenigstens in dieser Form eine halluzinatorische Wunscherfüllung möglich ist, wodurch der Traum nach Freuds Ansicht eine Hüter-Funktion des Schlafes bekommt.

Aus der Traumtheorie kann man sehr gut die damalige theoretische Position der Ausbildung des neurotischen Symptoms entnehmen, welches zu dieser Zeit ätiologisch überwiegend als ein Konflikt zwischen Triebimpuls und seiner Abwehr gesehen wird. Im neurotischen Symptom wird ähnlich wie im manifesten Traum ein Kompromiß eingegangen zwischen Triebanteil und Abwehranteil, indem vor allem der Triebanteil in verschlüsselter und manchmal symbolischer Form dargestellt wird. Elhardt führt dazu ein Beispiel an:

»Ein Pubertierender kann aus Über-Ich-Angst seine Onanie-Impulse so stark verdrängen, daß er zu einem wird, der von seiner Sexualität erst nichts ›wissen will‹, aber dann auch nichts mehr ›weiß‹. Dies kann in der Folge zu einer Blockierung jeglicher sexuellen Weiterentwicklung führen (kein Interesse an Mädchen, Impotenz usw.). Das Verdrängte drängt jedoch in irgendeiner Form gegen die verdrängende Kraft an ... Es drängt zur Wiederkehr. Da das normale Flußbett der Libido versperrt ist, sucht die sexuelle Energie Seitenkanäle auf. Die verdrängten Onanie-Impulse kehren, autoerotisch fixiert, in verkappter Form wieder und können sich z. B. im Symptom eines genitalen Waschzwanges manifestieren, der den Betreffenden zu einer gehäuften Manipulation am Genitale zwingt. Die sozial anerkannte ›Kulturforderung‹ des Waschens ist dann unversehens in den Dienst genital-autoerotischer Triebbefriedigung gestellt worden, die sexuellen Impulse aber in eine ›sinnlose‹ Leerlauffunktion geraten. Diese Symptombildung ist ein Kompromiß zwischen Es und Über-Ich. Die verpönte Es-Regung setzt sich verkappt durch, aber auch das Über-Ich ist befriedigt, denn der quälende Charakter des zwanghaften Antriebs ist zugleich eine Selbstbestrafung für die befriedigte Lust ...« (Elhardt, 1971, S. 99).

Auf eine weitere Ebene des Unbewußten ist dann vor allem von C. G. Jung hingewiesen worden, der das Unbewußte im Sinne eines kollektiven Unbewußten als archaische Erbschaft und als Reservoir kreativer Möglichkeiten beschrieben hat.

Bei der Formulierung der späteren Struktur-Theorie (Es, Ich, Über-Ich) wurde dann gesehen, daß viele Es-, Ich- und Über-Ich-Anteile auch bewußt sind, so daß der Begriff des Unbewußten heute zusammenfassend etwa folgende Ebenen umfaßt (nach Knapp, 1976, S. 286):

- das Unbewußte als deskriptiver Gegenbegriff zum Bewußtsein,
- das Unbewußte als triebenergetische Quelle,
- das Unbewußte als lebensgeschichtlich Verdrängtes,
- das Unbewußte als besonderes Prinzip psychischen Geschehens (Primärvorgang),

– das Unbewußte im Sinne von Anteilen des Ich und Über-Ichs
– das Unbewußte als Reservoir kreativer Möglichkeiten und
– das Unbewußte als archaische Erbschaft.

Zusammenfassung

Mit der Einführung der Dimension des Unbewußten hat Freud schon sehr früh einen wesentlichen und bleibenden Baustein der psychoanalytischen Theorie geschaffen. Die neurotischen Symptome, aber auch das allgemeine menschliche Verhalten, werden wesentlich vom Unbewußten her determiniert. Als Inhalte des Unbewußten werden zunächst die triebenergetische Quelle und das lebensgeschichtlich Verdrängte beschrieben. Bestimmte Vorstellungen, Wünsche, Affekte, die vom Bewußtsein nicht geduldet werden können, werden ins Unbewußte verdrängt bzw. abgewehrt, und es muß ein ständiger energetischer Aufwand erbracht werden, die Verdrängung aufrechtzuerhalten. Bei bestimmten Situationen kommt es dann zu einer Wiederkehr des Verdrängten und der Ausbildung neurotischer Symptome, wobei diese Symptome einen Kompromiß zwischen Trieb- und Abwehranteil darstellen.
Durch das Studium der Träume, der Fehlleistungen und der neurotischen Symptome konnte belegt werden, daß das Unbewußte eine besondere Form des psychischen Geschehens darstellt, welches als Primärvorgang bezeichnet und beschrieben wird.

2.2. Jedes Verhalten ist letzten Endes triebbestimmt: Der dynamische Aspekt

Der Mensch erlebt nicht nur Tag für Tag die vielfältigsten Bedürfnisse, auch das Spektrum seines Verhaltens ist äußerst groß. Dahinter stecken Motive (Beweggründe), letztlich seelische Kräfte (Dynamik = Kraft). Es gibt nun diesbezüglich eine Fülle von wissenschaftlichen Modellvorstellungen, die von der besonderen Betonung biologisch begründeter und angeborener Verhaltensweisen des Menschen bis hin

zu extremen Milieutheorien mancher Psychologen reichen, wonach nahezu alles Verhalten erworben bzw. sozio-kulturell bedingt sei.
Das Freudsche Motivationsmodell ist eine Theorie, die sowohl biologische als auch psycho-soziale Aspekte berücksichtigt. Dabei versucht er die vielfältigen Motive des Verhaltens (im Sinne von Rapaport) letzten Endes auf zwei Triebe zu reduzieren: auf Libido und Aggression.
Der Begriff des Triebes ist natürlich ein Konstruktbegriff, d.h. man kann nur die Auswirkungen des Triebes im körperlichen oder im psychischen Bereich erleben, beobachten oder untersuchen, nicht jedoch den Trieb selbst. Außerdem ist der Trieb-Begriff der Psychoanalyse ein somatopsychischer Grenzbegriff mit einer somatisch-biologisch-physiologischen Quelle und einem psychischen Anteil, nämlich seiner erlebnismäßigen Qualität, der sogenannten psychischen Repräsentanz des Triebes in Form z.B. seines dranghaften Charakters, seiner Vorstellungs- und Affektrepräsentanzen. Diese Seite, nämlich die erlebnismäßige Qualität des Triebes, ist für die Psychoanalyse interessant und der Gegenstand seiner Untersuchung und Theorienbildung, jedoch ist der biologische Hintergrund immer präsent.
Das Wesentliche und spezifisch Menschliche am Trieb ist
- daß der Trieb nicht – wie beim Tierkind – unmittelbar mit motorischen Verhaltensschablonen gekoppelt und dadurch starr eingeengt ist, sondern zu einem offenen System gehört,
- daß der Trieb, und vor allem seine regulierenden Instanzen einen komplizierten Entwicklungsprozeß durchmachen, natürlich auch mit der Möglichkeit von Fehlentwicklungen,
- daß durch bestimmte Mechanismen, wie z.B. Sublimierung oder Neutralisierung der Trieb in seiner ursprünglichen Qualität so verändert werden kann, daß er klinisch manchmal schwer als entsprechendes »Triebschicksal« erkannt werden kann.

Freuds Triebmodell war von jeher ein dualistisches Modell (Libido-Aggression), in welchem er auch zwei naturphilosophische Prinzipien, nämlich das werdende und das vergehende Prinzip erkannte.
Die Triebe machen einen komplizierten Entwicklungsprozeß durch und sind normalerweise stets miteinander vermischt, sie werden hier nur aus didaktischen Gründen getrennt voneinander dargestellt.

2.2.1. Die Libido-Theorie

Freud machte anläßlich der Behandlung von Patienten, die an neurotischen Störungen litten, sehr früh die Erfahrung, daß die Sexualität in der Ätiologie der Neurosen eine entscheidende Rolle spielte.

Was versteht man unter Sexualität? »Der Begriff Sexualität wird im vorwissenschaftlichen wie auch im wissenschaftlichen Sprachgebrauch in derart vielschichtigem Sinne verwendet, daß es unmöglich erscheint, ihn exakt einzugrenzen und inhaltlich zu bestimmen« (Nitzschke, 1976, S. 363).

Im 19. Jahrhundert wurde Sexualität gleichgesetzt mit sexuellem Verhalten. Der Begriff hatte etwas zu tun mit dem Unterschied der beiden Geschlechter, dem Sexualakt, bei dem natürlich Lust erlebt wird und der ein biologisches Ziel hat, nämlich die Fortpflanzung. Außerdem nahm man früher an, daß Sexualität an die Funktionsfähigkeit der Keimdrüsen gebunden sei, also erst nach der Pubertät möglich war.

Freud nannte in Anlehnung an die damalige Auffassung über Sexualität die Person »von welcher die geschlechtliche Anziehung ausgeht, das *Sexualobjekt*, die Handlung nach welcher der Trieb drängt – (also die Vereinigung der Genitalorgane im Koitus) – das *Sexualziel*« (Freud, Bd. V, S. 34).

Er beschäftigte sich sehr intensiv mit der Pathologie des sexuellen Verhaltens, also mit den Perversionen; denn, »wenn wir diese krankhaften Gestaltungen der Sexualität nicht verstehen und sie nicht mit dem normalen Sexualleben zusammenbringen können, so verstehen wir eben auch die normale Sexualität nicht« (Freud, Bd. XI, S. 317). Dabei stellte er fest, daß im Hinblick auf die Wahl des Sexualobjekts und die Form der Aktivität zur Erlangung der Befriedigung eine große Variationsbreite besteht.

Aufgrund seiner analytischen Erfahrungen, direkten Beobachtungen an Kindern und Überlegungen zur Entstehung der Pathologie sexuellen Verhaltens kam er zu dem Postulat der infantilen Sexualität. Der Sexualtrieb sei zunächst autoerotisch und finde in Anlehnung an physiologische Funktionen (z. B. Nahrungsaufnahme) in Form von Partialtrieben seine erste Betätigung. Das Kind sei »polymorph pervers« veranlagt, seine Sexualität stehe nicht im Zeichen der Fortpflanzungsfunktion. Die Sexualität entwickle sich über verschiedene Phasen (oral, anal, phallisch) und die »Partial-Triebe« werden unter dem Primat der Genitalität organisiert.

Der Begriff der Sexualität ist also von Freud stark erweitert worden und darf nicht mit Genitalität gleichgesetzt werden.

Die dynamische Äußerung des Sexualtriebes bezeichnete Freud als »Libido«. Im erweiterten Sinne ist die Libido eine spezifische psychische Energie, die in enger Beziehung zum Unbewußten steht. Die Libido ist »an allen seelischen Regungen beteiligt. Sie trägt zum Aufbau der Persönlichkeit und zur Entwicklung des Charakters bei. Sie ist in allen sozialen Beziehungen involviert, auch wenn diese Beziehungen nicht explizit sexueller Natur sind« (Nitzschke, 1976, S. 398).
Auf die phasenhafte Entwicklung der Libido in Form der oralen, analen und phallischen Phase kommen wir bei dem ontogenetischen Aspekt der Psychoanalyse zurück (vgl. S. 38).

2.2.2. Der Aggressionstrieb

Die Darstellung des Aggressionstriebs soll hier einen etwas breiteren Raum einnehmen als es sonst in einführenden Lehrbüchern üblich ist, denn die Bedeutung, die er in der Ätiologie und Pathogenese von Psychoneurosen und psychosomatischen Krankheiten hat, wird oft unterschätzt.
Freud hatte zunächst seine Libido-Theorie ausführlich beschrieben, während die Erforschung der Aggression etwas vernachlässigt wurde und in der Theorie weitgehend einen destruktiven Akzent und damit eine negative Bewertung erhielt.
Wenn man heute aus psychoanalytischer Sicht das Aggressionsproblem umreißen will, so muß man die Forschungsergebnisse der Ethologie, der Psychologie und der Soziologie mit einbeziehen. Die Verhaltensforschung geht von dem Konzept einer endogen wirksamen Potenz, eines angeborenen Aggressionstriebes aus (Lorenz, 1963; Tinbergen, 1950), wobei natürlich auch gesehen wurde, daß aggressives Verhalten durch Erfahrungen modifiziert werden kann. Lorenz sieht in der Aggression eine arterhaltende und somit konstruktive Funktion für das Zusammenleben der Tiere. Diese Thesen sind heftig und kontrovers diskutiert worden, man kann jedoch zusammenfassend sagen, daß »zumindest das Vorhandensein einer biologischen Disposition im Sinne einer Aggressionsbereitschaft als sehr wahrscheinlich erscheint . . .« (Elhardt, 1974, S. 20).
In der Psychologie steht dieser Auffassung die Frustrations-Aggressions-Hypothese von Dollard und Miller (1941) entgegen, wonach aggressives Verhalten als Folge von Frustrationen ausschließlich reaktiver Natur sei. Diese Hypothese ist durch lerntheoretische und

experimental-psychologische Ansätze weiter ausgebaut worden und gibt sicher brauchbare Erklärungen für die Ausbildung und Einübung aggressiven Verhaltens. Allerdings erscheint die Ablehnung eines spezifischen aggressiven Potentials als antriebs-energetischen Hintergrund aus klinisch-psychoanalytischer Erfahrung nicht ganz einsichtig.*

Diese Frustrations-Aggressions-Hypothese hat eine Reihe von soziologischen Theorien zur Folge gehabt, die von dem Grundgedanken ausgehen, daß durch Organisation weniger frustrierender Gesellschafts- und Lebensformen das Maß an destruktiver Aggressivität reduziert werden könnte. Diese Überlegungen gehen einmal in Richtung einer »sexuellen Befreiung« (Plack), wobei unterstellt wird, daß durch eine sexuelle Liberalisierung Spannungen und Frustrationen abgebaut und dadurch destruktiv aggressives Verhalten vermieden würde. Einen ähnlichen Gedankengang verfolgt H. Marcuse (1968), der durch Abschaffung des kapitalistischen Leistungsprinzips und anderer Repressionen das Aggressionspotential reduzieren möchte.

Die psychoanalytische Theorie der Aggression setzt ein biologisch-dispositionelles Potential voraus. Der psychoanalytische Triebbegriff ist durchgehend ein somato-psychischer Grenzbegriff. Allerdings wird die Entwicklungs- bzw. Modifikationsmöglichkeit des Aggressionstriebes durch vielfältige Umwelterfahrung vor allen Dingen in der frühen Kindheit als sehr bedeutsam angesehen.

Ein weiteres wesentliches Charakteristikum des psychoanalytischen Aggressionsbegriffes besteht darin, daß der Aggression ein konstruktiver Anteil zugebilligt wird.

Schultz-Hencke (1947) leitet den Begriff von »adgredi = an etwas herangehen« ab.

Riemann hält die Aggression für eine »dynamische Kraft, die ein Lebewesen zu seiner Entwicklung treibt, zum fortschreitenden Selbständigwerden vom jeweils Erreichten weg, aus der Lust heraus zur Freiheit« (Riemann, 1968, S. 138).

Graumann steckt die phänomenologische Bandbreite der Aggression folgendermaßen ab: »Sie reicht von klar umschriebenen feindseligen

* Neben der subtilen klinisch-psychoanalytischen Erfahrung fragt dazu Elhardt, wie z. B. die Lerntheorie schwer aggressive Verhaltensweisen von Kindern und Jugendlichen erklärt, deren Eltern durchaus nicht Vorbilder dieser Aggressionsformen boten, sondern etwa durch »weiche Übergüte« und formal sehr »liebevoller Einengung« die Entwicklung schwerster Schuldgefühle in Gang setzten, was weder das Erklärungsmodell eines Lernens am Erfolg noch das durch Nachahmung hinsichtlich der kindlichen Aggression plausibel erscheinen läßt (Elhardt, 1974, S. 24).

Handlungen, deren Ziel die Vertreibung, Verletzung, Beschädigung oder Vernichtung einer Person oder Sache ist über die Aktualisierung einer bedrohlichen, angstmachenden Haltung über ein bloßes Sich-durchsetzen und Rangehen, bis zur Entfaltung von Initiative und Aktivität überhaupt. Sie umfaßt die Fremdaggression und Autoaggression« (zit. nach Elhardt, 1979, S. 30).
Elhardt (1974) schließlich versucht eine Differenzierung der Aggression, die aus der praktischen Erfahrung mit diesem Phänomen entstanden ist und die für das therapeutische Vorgehen sehr wichtig erscheint.

a) *aktiv-spontane, vermutlich endogene Aggression ohne subjektive Feindseligkeit*

Motto: Das Objekt soll erreicht, handhabbar und bemeistert werden

Darunter versteht Elhardt den konstruktiven und in jedem Fall auch notwendigen Anteil der Aggression, das Herangehen an die Dinge, das Bewältigen, Bemächtigen. Dies bezieht sich sowohl auf Gegenstände, z. B. Spielzeug im Kindesalter, als auch auf abstrakte Dinge, wie Bewältigen von Wissensstoff, Herangehen an ein Problem, an eine Aufgabe, als auch auf Personen, an die man herangeht und die man versucht nach dem eigenen Willen zu formen und zu beeinflussen. Hierher gehört sicher auch die Entwicklung zur Eigenständigkeit, bei der wir uns ja trennen, ablösen und auseinandersetzen müssen.

b) *reaktiv-defensive Aggression mit Feindseligkeitsanteilen, auch als Angstabwehr*

Motto: Das Objekt soll als provokant-schädigend zurückgewiesen werden

Bei der Entwicklung dieser Aggressionsform spielen sicher frustrierende Umwelteinflüsse die größte Rolle. Wenn z. B. ein Kind in seinem normalen Tätigkeitsdrang übermäßig von außen eingeschränkt wird, oder wenn zarte Ansätze eines Eigen-Sinns bereits als Trotz fehlinterpretiert werden und dagegen massiv vorgegangen wird, oder wenn nach Verinnerlichung dieser äußeren Verbote, die normale Entfaltung durch Angst- oder Schuldgefühle behindert wird, dann entwickelt sich reaktiv eine solche zusätzliche defensive Aggression, die natürlich wieder verarbeitet werden muß.

c) *die destruktive Aggression mit überwiegender und subjektiv intendierter Feindseligkeit und Zerstörungstendenz*

Motto: Das Objekt soll verletzt, beseitigt oder gequält werden mit sadistischer Lust als Selbstzweck

Wenn die ursprünglich defensive Aggression nicht verarbeitet werden kann, z. B. durch eine große Intensität oder ein schwaches Arsenal an verarbeitenden Ich-Funktionen, dann kann sich die destruktive Aggression verselbständigen und zum lustvollen Selbstzweck werden. Dies ist dann jene schreckliche aktiv-destruktive Aggression, die zum Verletzen, Quälen und Zerstören tendiert. Diese archaisch total destruktive Aggressionsform ist natürlich auch beim Kleinkind möglich und nicht nur beim Erwachsenen.

Für Eltern und Erzieher erscheint diese Einteilung auch wichtig, denn aus der therapeutischen Erfahrung weiß man, daß viele Fehlverarbeitungen von Aggression darauf beruhen, daß z. B. schon der normale und konstruktive Tätigkeits- und Bewältigungsdrang des Kleinkindes oder auch die Ansätze der Eigen-Sinn-Bildung als destruktive Aggressionsform fehlinterpretiert wurden.

Fehlverarbeitete Aggression spielt bei vielen psychosomatischen Krankheiten, wie z. B. der Colitis ulcerosa eine große Rolle, aber auch bei der neurotischen Depression, auf die später noch eingegangen werden wird.

Zusammenfassung

Die Psychoanalyse geht von der Annahme aus, daß sich die seelischen Kräfte auf zwei Triebe, nämlich auf die Libido und die Aggression reduzieren lassen. Der Triebbegriff ist ein sehr breit angelegter Konstrukt-Begriff, der primär im somatisch-biologischen Bereich verankert ist. Der psychische Anteil macht jeweils einen komplizierten Entwicklungsprozeß durch, der natürlich die Möglichkeit einer Fehlentwicklung ebenso beinhaltet.

Zum Verständnis der Libido-Theorie ist wesentlich, daß der Begriff der Sexualität erweitert wurde, letztlich auf alle lustvollen Vorgänge, auch in der frühen Kindheit (infantile Sexualität).

Der Aggressionstrieb ist keinesfalls als primär destruktiv anzusehen, sondern konstruktive Anteile im Sinne des Adgredi = an die Dinge herangehen, sind primär eher vorhanden, müssen sich aber in einer optimalen Entwicklung weiter entfalten und festigen. Die destruktive Aggressivität liegt sicher als Potential vor, die Manifestation ist jedoch als Fehlentwicklung anzusehen. Fehlverarbeitete Aggressionen spielen auch in Ätiologie und Pathogenese vieler Neurosen und psychosomatischer Krankheiten, wie z. B. bei der neurotischen Depression und bei der Colitis ulcerosa eine wichtige Rolle.

2.3. Jedes Verhalten ist das Ergebnis einer epigenetischen Reihe: Die psychoanalytische Entwicklungslehre

In allen tiefenpsychologischen Schulen besteht Einigkeit darüber, daß in den ersten Lebensjahren wesentliche Entwicklungen bzw. Fehlentwicklungen ihren Ursprung haben, ohne deren Kenntnis wir die psychogenen Störungen des Erwachsenen nicht verstehen könnten. Dieser Gesichtspunkt hat seit Freud eine enorme Ergänzung und Erweiterung erfahren, in der Weise, daß nicht die Triebentwicklung im Mittelpunkt des Interesses stand, sondern die Entwicklung der frühen Objektbeziehungen, die zu wesentlichen Elementen der Ich-Struktur werden.

Durch die Forschungen vor allen Dingen von M. Mahler, die von autistischen bzw. psychotischen Kindern ausging, hat die Theorie der Neurose insgesamt einen ganz neuen Akzent erhalten. Das Modell der Neurose geht nicht mehr von einem an sich überwiegend gesunden Ich aus, welches einen Triebkonflikt nicht bewältigen kann, sondern man geht von bestimmten Defiziten in der Ich-Entwicklung aus.

Auch bei der modernen psychoanalytischen Entwicklungslehre ist zu bedenken, daß die Psychoanalyse (noch) eine rekonstruierende Wissenschaft ist, d. h. sie kann bei Vorliegen einer manifesten Erwachsenenneurose oder -psychose rekonstruieren, welche Konstellation in der frühen Kindheit zu welchen Fehlentwicklungen bzw. strukturellen Defekten geführt haben. Das Umgekehrte ist leider nicht möglich, daß man nämlich aufgrund einer ganz bestimmten Erlebnis-Konstellation in einer Phase der frühen Kindheit voraussagen könnte, ob sich daraus später eine Borderline-Störung, eine psychosomatische Krankheit oder eine Psycho-Neurose entwickeln wird.

Im folgenden soll die psychoanalytische Entwicklungslehre zunächst vom Aspekt der Triebentwicklung, dann vom Gesichtspunkt der Entwicklung der Objektbeziehungen dargestellt werden.

2.3.1. Die Triebentwicklung

Der Grundgedanke Freuds war, daß sich in Anlehnung an bestimmte biologische bzw. physiologische Gegebenheiten bestimmte Erlebniskategorien entwickeln. Zum Beispiel entwickelt sich in Anlehnung an die Nahrungsaufnahme, die ja über den Mund geht, die in dieser Phase vorherrschende Erlebniskategorie der Einverleibung bzw. der Verinnerlichung.

2.3.1.1. Die orale Phase

Vom biologischen Gesichtspunkt ist der Mensch eine physiologische Frühgeburt und seine erste Phase ist durch den Begriff der Abhängigkeit zu kennzeichnen (Engel, 1970). Der Säugling existiert in dieser frühen Phase überwiegend als biologisches System, wobei die Aufrechterhaltung der Homöostase für ein solches System eine wesentliche Funktion darstellt. Die frühen Wahrnehmungen beziehen sich zunächst fast ausschließlich auf enterozeptive Vorgänge. Die Unlust, ein undifferenzierter Affekt, zeigt die Störungen des inneren Milieus an (z. B. Hunger und Durst) und drückt sich als Unruhe, Weinen und Strampeln aus. Dieser Unlustaffekt hat die Funktion einer inneren Kommunikation; er zeigt nämlich an, daß eine Gefahr für die Homöostase droht. Außerdem hat dieser Affekt die Funktion der äußeren Kommunikation, indem durch Weinen und Strampeln das Nahrungsbedürfnis an die Umwelt vermittelt wird. Außerdem sind diese biologischen Funktionen noch durch rudimentär instinktmäßige Mechanismen, wie Saugen und Anklammern, gesichert. Der physiologische Anteil des Unlustaffektes besteht also schon, während sich der mentale oder psychische Anteil erst später entwickelt. Die Aufrechterhaltung der äußeren Kommunikation ist ja bei der totalen Abhängigkeit des Säuglings von fundamentaler, ja existentieller Bedeutung und das erste Lächeln in der 8. bis 12. Woche ist wohl ein phylogenetisches Muster, welches in diesem Sinne zu interpretieren ist.

Der wesentliche physiologische Vorgang ist die Nahrungsaufnahme, die natürlich über den Mund geht (oral). In Anlehnung an diesen physiologischen Vorgang entwickeln sich nun langsam bestimmte Erlebniskategorien und in dieser oralen Phase ist die Einverleibung (Introjektion) auch vom psychologischen Standpunkt der wichtigste Vorgang. Diese Einverleibung wird nicht nur vom Nahrungsbedürfnis her bedingt, sondern auch vom oralen Partial-Trieb der Libido. Diese Vorgänge laufen lustvoll ab und stellen ein wesentliches Motiv

für die Wahrnehmung und das Erleben des eigenen Körpers und der Mutterbrust dar. Die Mutter wird in Form von Teil-Objekten »libidinös besetzt« und somit erlebt und erfahren.
Auch die Aggression spielt in dieser Phase eine bedeutende Rolle. Die aktiv spontane konstruktive Aggressivität drückt sich im Saugen aus, im Sich-nehmen, Zupacken, eventuell Beißen. Starke Frustrationen in dieser Zeit können zusätzliches Aggressionspotential freisetzen (reaktiv-defensiver Anteil), bei denen es in dieser frühen Phase wegen der symbiotischen Objektbeziehung besondere Verarbeitungsschwierigkeiten gibt. Einmal existiert die orale Ambivalenz, die darin besteht, das Objekt, das man als Nährquelle braucht, gleichzeitig total einverleiben und auch möglicherweise zerstören möchte (»Die Mutterbrust zum Fressen gern haben«). Zerstörerische Aggressionen können nun nicht an einem fremden Objekt realisiert werden, indem das fremde Objekt zurückgestoßen oder gar verletzt wird, sondern diese Aggressionen müssen wegen der Besonderheit der Objektbeziehung immer wieder auf das eigene Selbst zurückfallen. Dies ist ein wichtiger Vorgang, der zum Beispiel bei der Entwicklung zur depressiven Disposition eine Rolle spielt.

2.3.1.2. Die anale Phase

Diese Periode reicht etwa vom 15. bis 36. Lebensmonat und in dieser Zeit rücken die Ausscheidungsvorgänge und vor allen Dingen die Funktion des Enddarmes in den Mittelpunkt des Erlebens. Die Ausscheidungsvorgänge werden meist lustvoll erlebt und wiederum in Anlehnung an diese physiologischen Vorgänge entsteht eine ganze Reihe von neuen psychologischen Erlebniskategorien. Eine Akzentuierung erfolgt dadurch, daß in dieser Zeit die Sauberkeitserziehung einsetzt. An das Kind werden Kulturforderungen bezüglich Sauberkeit, Ordnung und Zusammennehmen herangetragen. Die Zuwendung von seiten der Mutter erfolgt auch nicht mehr ganz bedingungslos. Dem Säugling gegenüber war die Zuwendung ja bedingungslos, er konnte z. B. »gelassen unter sich lassen«, jetzt aber lautet das Motto eher: »Wenn Du auf dem Töpfchen machst, dann hat Dich Mama lieb, und wenn Du in die Hose machst, dann hat Dich Mama nicht mehr lieb.« Von daher schafft tatsächlich das Töpfchen eine neue Weltordnung (Elhardt, 1971). Außerdem wird das Kind in dieser Zeit mit reifungsbedingten verstärkten motorisch-aggressiven, expansiven Impulsen konfrontiert.
Das Kind ist also jetzt in der Lage, die Ausscheidung willkürlich zu

steuern, wodurch die Möglichkeit besteht, zurückzuhalten und auf der anderen Seite herzugeben oder zu schenken. Dabei kann der Kot, wie wir aus psychoanalytischem Material, ferner auch aus Mythen und Märchen wissen, durchaus eine bestimmte symbolische Bedeutung haben. Er kann den ersten Besitz darstellen, den man auch willkürlich behalten kann und die symbolische Gleichung Kot–Gold–Geld ist aus vielen Mythen bekannt. In babylonischen Mythen ist von Gold beispielsweise als dem »Kot der Hölle« die Rede und die Inkas bezeichneten das Gold als »Götterkot«. In unserer Kultur kennen wir das Märchen vom Dukatenesel.

Dann kann der Kot natürlich auch eine negative Bedeutung haben: Etwas was schlecht ist, was böse ist, was man ausstößt und zerstört.

Die Erlebniskategorie des Hergebens bzw. Zurückhaltens bekommt allerdings noch einen zusätzlichen Akzent, nämlich die Möglichkeit des Verweigerns gegenüber einer Hergabeforderung und des Neinsagens im allgemeinen.

Eine zweite wichtige Erlebniskategorie ist der Zwiespalt zwischen »sich gehen lassen« und »sich beherrschen und zusammennehmen«. Dies ist eine Erlebniskategorie, die letzten Endes auf die Selbstbeherrschung und die Selbstkontrolle im positiven Sinne hinausläuft.

Ein wichtiges Thema in dieser Zeit ist der Umgang mit der eigenen Aggression. Es besteht die Möglichkeit des Nein-sagens und des Verweigerns gegenüber einer Hergabeforderung, die Entwicklung des Eigen-Sinns, der bis zum Trotz gehen kann. Wir hatten den Begriff der Aggression von Adgredi = an die Dinge herangehen, abgeleitet und die Aggression teilweise als konstruktiv beschrieben. Wenn in dieser Phase zum Beispiel der Eigen-Sinn bereits als Trotz fehlinterpretiert wird, und massiv dagegen vorgegangen wird, entweder durch Liebesentzug oder durch Strafen, so entwickelt sich eine Fehlverarbeitung von Aggression und eine Störung in der Entwicklung zur Autonomie.

Erikson sieht in dieser Phase als wesentliche Erlebniskategorie den Zwiespalt zwischen Festhalten und Loslassen und dies wiederum unter dem Gesichtspunkt der Autonomieentwicklung. Dabei ist entscheidend, ob das Kind das Gefühl bekommt, diese Produkte selbst herzugeben und über diese wichtige Funktion selber zu herrschen, oder ob sie genommen werden bzw. über sie geherrscht wird. Eigenschaften zu beharren und an etwas festzuhalten, anstatt aufzugeben, haben sicher hierin teilweise ihre Wurzel. Man kann beispielsweise die Dinge leicht und großzügig freigeben, aber auch mit Grausamkeit und aus Rache loslassen. Insgesamt führt diese Selbstbeherrschung und

Selbstkontrolle auch zu einem verbesserten Umgang mit der Dingwelt. Ein übermäßiges Eingreifen der Eltern kann zum Verlust der Selbstkontrolle, ja zu einer Schwächung des Eigen-Sinns führen mit Gefühlen von ständigem Zweifel und eventuell Scham (Erikson, 1966). Die von Freud beschriebene anale Schmierlust soll hier kurz erwähnt werden, d. h. die beobachtbare Tendenz, sich mit diesen Produkten weiter zu beschäftigen, was übrigens in unserer Gesellschaft sehr schnell sublimiert wird, indem man das Kind im Sandkasten oder mit Plastilin spielen läßt. Hierin können Kreativität und das künstlerische Schaffen teilweise ihre Wurzel haben.

In dieser Phase werden nicht nur die Erlebniskategorien des Behaltens–Hergebens und Sich-gehen-lassens–Sich-beherrschens sowie der Umgang mit der Aggression eingeübt, sondern das Wesentliche dieser Phase ist die Entwicklung aus der totalen Abhängigkeit zu einem Gefühl beginnender Eigenständigkeit. Wenn Eltern bzw. Erziehungspersonen in dieser Phase nicht verständnisvoll und bis zu gewissen Grenzen gewährend sich verhalten können, sondern die konstruktive Aggression sofort als destruktiv fehlinterpretieren, wenn sie die Reinlichkeitserziehung überakzentuieren und eine Art Dressur vornehmen wollen, und wenn sie von sich aus mit dem Kind häufig Machtkämpfe konstellieren, so kann es aus derartigen pathologischen Interaktionsmustern zu einer neuen Art von Abhängigkeit kommen: Zur Abhängigkeit aus Gefügigkeit, aus Mangel an Selbstbehauptung, aus aggressiver Gehemmtheit (Hertz und Molinski, 1980). Auch die Entwicklung bestimmter Charakterzüge wie Geiz, Überordentlichkeit und starrer Eigensinn und die zwanghafte Persönlichkeitsstruktur hat meist in pathologischen Interaktionsmustern dieser Phase ihre Wurzeln.

2.3.1.3. Die phallische Phase

Normalerweise sind inzwischen orale und auch anale Basiserfahrungen des Besitzstrebens gemacht und die Autonomieentwicklung hat eine gute Basis. Aggressives Durchsetzungsvermögen und Selbstbehauptungsfähigkeiten konnten weitgehend geübt werden.

Inzwischen hat sich die Libido auf Organe der späteren Arterhaltung verlagert. Die Genitalien, d. h. Penis bzw. Klitoris geraten in den Mittelpunkt des Interesses und werden zur spielerisch oft betätigten erogenen Lustquelle. In diesem Alter sind sowohl Knaben als Mädchen ungeheuer neugierig und das »Doktorspiel«, mit den Komponenten des Sehen-wollens und Zeigen-wollens ist gerade in dieser

Phase sehr verbreitet. Auch kommt es zu rivalisierten Spielen nach dem Motto: »Wer hat den größeren Bogen raus«. Dies hat zur Folge, daß der anatomische Geschlechtsunterschied gewahr wird und auch eine psycho-sexuelle Geschlechtsdifferenzierung sich ausbildet.

Dabei kann sich in Anlehnung an die biologischen bzw. anatomischen Gegebenheiten in dieser Zeit beim Mädchen der Wunsch nach diesem praktischen und Geltungs-Gratifikation vermittelnden Organ entwickeln. Es kann auch das Gefühl, zu kurz gekommen zu sein, in den Vordergrund treten. Neidgefühle auf den besser ausgestatteten Jungen, eventuell Haß auf die Mutter, die sie schlechter ausgestattet hat als andere, sind verbreitet (Penis-Neid).

In dieser Zeit ist die Frage, einen Phallus zu haben oder nicht zu haben, ganz entscheidend. Der Begriff des Phallus ist hier allerdings eine Quelle häufigen Mißverständnisses. Er ist ein symbolischer Begriff, der nicht wie der Begriff Penis das anatomische Organ benennt, sondern die psychologische Bedeutung. Der Phallus bedeutet zum Beispiel etwas, was man hat, worauf man stolz ist und wodurch man bewundert wird, was man deshalb präsentieren möchte, weshalb man Geltung bekommt und worum man rivalisiert.

Erikson hält die Modalität des Eindringens in jeder Form, insbesondere die Neugier, die Wißbegierde usw. für das Wesentliche in dieser Zeit. Auch stellt er die Freude an Leistung und am Wettbewerb, was er insgesamt »Initiative« nennt, als entscheidende Erlebniskategorien dieser Zeit in den Mittelpunkt.

Durch den Beginn der psychosexuellen Differenzierung und die Auseinandersetzung mit der eigenen Geschlechtsrolle kommt es zu neuen gefühlsmäßigen Verwicklungen, und zwar mit der Mutter und auch mit dem Vater. Die vorher im wesentlichen bestehende Zwei-Personen-Beziehung wird jetzt zu einer Drei-Personen-Beziehung mit Verwicklungen zwischen libidinösen und aggressiven Besetzungen.

Der Knabe zum Beispiel bewundert natürlich einerseits seinen Vater und möchte auch so werden wie er. Andererseits kommen doch immer wieder zärtliche Wünsche gegenüber der Mutter auf. Diese zärtlichen Wünsche werden nun kompliziert durch eine ganz spezifische Angst, die in dieser Zeit auftritt, nämlich die Angst, daß der größere und überlegenere Rivale Vater einem genau das beschneiden könnte, was in dieser Zeit im Mittelpunkt des Stolzes steht. Freud nannte diese spezifische Angst in Anlehnung an die Sexualorgane »die Kastrationsangst«. Kastrationsängste sind im weitesten Sinne jede Form von Beschädigungsängsten. Diese Kastrationsangst wird auch

durch viele Märchen, zum Beispiel durch die Geschichte des Struwwelpeters oder auch durch das Auftreten des St. Nikolaus akzentuiert. Viel wichtiger gerade für die Entwicklung des Knabens sind in dieser Zeit Geschichten, wo zum Beispiel nach dem Motto von David und Goliath ein kleinerer, ein unterlegenerer, z. B. durch eine spezielle List einen viel stärkeren, mächtigeren Rivalen überwindet.
Das Mädchen hat es in dieser Zeit im Grunde genommen viel schwerer, weil es im allgemeinen zunächst eher die Enttäuschung über die Mutter durchmacht. Hinzu kommt ein Unterlegenheitsgefühl gegenüber den männlichen Spielkameraden, die ja offensichtlich besser ausgestattet sind. Die Identifikation mit der Mutter fällt daher manchmal sehr schwer und die zärtlichen Wünsche müssen sich nun auf eine ganz andere Person, nämlich auf die Person des Vaters, verschieben.
Bei jungen Patientinnen, die an einer Anorexia nervosa leiden, besteht häufig der Konflikt, daß bei Persistieren einer symbiotischen Beziehung mit der Mutter sehr starke aggressive Impulse gegen die Mutter entstehen. Wegen der engen Objektbeziehung werden diese Impulse gegen das eigene Selbst gerichtet. Die Patientinnen lehnen die weibliche Rolle unbewußt völlig ab, haben ja auch meist eine sekundäre Amenorrhoe, entwickeln keinerlei weibliche Formen und entwickeln eine Form von Überaktivität und Ehrgeizhaltung, die man sonst eher dem männlichen Geschlecht, zumindest in dieser Phase, zuordnet.
Ergänzend zu erwähnen sind sicher noch die Sexualphantasien, die sich bei der entsprechenden Neugierhaltung entwickeln, weil wir sie manchmal bei bestimmten manifesten Erkrankungen im tiefenpsychologischen Material wiederfinden. Dabei ist noch zu bedenken, daß die Phantasien in dieser Zeit noch Wirklichkeitscharakter haben, insofern sind sie auch innerhalb der psychischen Realität wirksam. Sehr verbreitet sind z. B. orale Zeugungs- und Geburtsphantasien, denn das Kind weiß ja, daß ein dicker Bauch auch vom Essen kommen kann. So finden wir beispielsweise auch hin und wieder bei Anorexia-Kranken das Erbrechen als eine abgewehrte Befruchtungsphantasie.
Des weiteren spielen Vergewaltigungsphantasien bezüglich der sexuellen Beziehung der Eltern eine große Rolle, denn das Verhalten der Eltern beim Koitus kann offenbar noch nicht von dem einer schweren aggressiven Auseinandersetzung unterschieden werden. Bei Akzentuierung dieser Phantasie kann man später bei Frauen, die unter Sexualstörungen leiden, immer wieder feststellen, daß Sexualität mit Aggressivität einfach gleichgesetzt wird.
Diese komplizierte Drei-Personen-Beziehung, die von Freud die ödipale Situation genannt wird, löst sich im allgemeinen so, daß daraus

wesentliche Über-Ich- und Ich-Ideal-Anteile resultieren. Der Vater spielt ja für den Knaben nicht nur die Rolle des Rivalen, sondern er wird auch bewundert, teilweise idealisiert. Man möchte natürlich später irgendwie so werden wie er ist. Außerdem resultieren daraus die Identifikationen mit der Geschlechtsrolle, auch Sitten und Tradition des entsprechenden sozio-kulturellen Raumes werden in dieser Zeit sehr stark verinnerlicht.
Unter dem Aspekt der Triebentwicklung wird danach eine sogenannte Latenzphase beschrieben. Der Begriff der Latenzphase ist sehr unglücklich, weil er negativ ist und den Eindruck erwecken könnte, als wenn in dieser Zeit bis zur Pubertät nichts weiter passieren würde. Bezüglich der Triebentwicklung sind natürlich einige prinzipielle Modalitäten des Erlebens abgeschlossen, die dann während der Pubertät bzw. Adoleszenz reaktiviert werden. In dieser Zeit der Latenzphase spielen allerdings andere Vorgänge, die man mit dem Begriff der Ich-Entwicklung zusammenfassen kann, eine weit größere Rolle.
Die psychosexuelle Entwicklung geht insgesamt so vor sich, daß die Libido von einem Organisationsniveau zum anderen fortschreitet. In diesem Prozeß gibt es häufig Störungen, z. B. in Form von zu großer und teils wechselhafter Verwöhnung und Versagung. Frustrationen insgesamt sind natürlich erforderlich, denn optimale Frustrationen fördern sogar die psychische Entwicklung.
Störungen in diesem Entwicklungsprozeß hinterlassen sogenannte Fixierungen. »Fixierung bedeutet, daß die Bedürfnisse, die in dieser Phase zu kurz gekommen sind, weiterhin befriedigt sein wollen, auch wenn die Entwicklung längst fortgeschritten ist und von einer anderen Phase her und von der Umwelt ganz andere Bedürfnisse und Formen der Befriedigung gefordert werden« (Knapp, 1976, S. 275). Diese Fixierungen wirken sich im späteren manifesten Verhalten oder als Elemente einer bestimmten Persönlichkeitsstruktur aus. Einige dieser klinisch relevanten Fixierungen in der psychosexuellen Entwicklung sind in Tabelle 1 dargestellt.

2.3.2. Die Entwicklung der Objektbeziehungen

2.3.2.1. Der Beitrag von E. Erikson

Unter dem Gesichtspunkt der Objektbeziehung beschreibt Erikson das erste Lebensjahr unter der Überschrift *»Urvertrauen – Urmißtrauen«*.

Tab. 1: **Einige Fixierungen in der psychosexuellen Entwicklung und deren spätere Auswirkungen**

Phase	**Übertragungsbeziehungen**	**Neurosestruktur bzw. Neuroseform**
oral	– passive Erwartungshaltung – anklammerndes Verhalten – Ur-Mißtrauen (Arzt als unzuverlässige Mutter) – Befürchtung, durch Überfürsorge eingeengt zu werden	schizoide Struktur depressive Struktur süchtige Fehlhaltungen
anal	– Unterwerfung, um Zuwendung zu erhalten – Zuwendung sowie Anerkennung sind nur durch Leistung und Produktion zu erhalten – aggressive Gehemmtheit – Neigung, Machtkämpfe zu konstellieren	»analer Charakter« (Freud) zwanghafte Struktur emotionale Diarrhoe Colitis ulcerosa
phallisch	– Neigung zu verführen – will immer bewundert werden – Neigung zu rivalisieren – Neigung, den einen gegen den anderen auszuspielen	hysterische Struktur

Innerhalb des passiv aufnehmend-einverleibenden Modus organisieren sich folgende Erlebniskategorien: »Mit Hilfe der guten Mutter-Kind-Beziehung wird in dem Kind eine innere Welt – aus erinnerten und voraussehbaren Empfindungen und Bildern – und ein dauerhaftes Verhältnis mit Personen und Dingen der äußeren Welt geschaffen. Diese vermitteln dem Kind das rudimentäre Gefühl des *Urvertrauens*. Über das Gefühl des Sich-verlassen-Dürfens auf den äußeren Versorger und damit verbunden durch die Fähigkeit, sich selbst als vertrauenswürdig zu empfinden, entsteht im Kind der Eckstein der gesunden Persönlichkeit, die grundlegende Erfahrung des *Urvertrauens*, die Voraussetzung ist für das Wohlbehagen, für ungestörtes Atmen, für Verdauen und Schlafen (Stork, 1976, S. 878).

Auf diesen passiv aufnehmend-einverleibenden Modus erfolgt zum Ende des 1. Lebensjahres ein mehr aktiver (beißender) einverleibender Modus.

Wie kann nun das drohende Urmißtrauen bewältigt werden? Ein wesentlicher Mechanismus ist nach Erikson die Differenzierung zwischen innen und außen und somit die Möglichkeit zur Introjektion und Projektion. Es entwickelt sich also ein Modus, alles Angenehme, Lustvolle und Gute zu verinnerlichen (introjizieren) und dem eigenen Selbst als zugehörig zu erleben und alles Unangenehme, Unlustvolle und Böse zu projizieren und einem äußeren Objekt zuzuschreiben.

Die Mutter existiert also teilweise in gespaltener Form, nämlich in Form eines guten und eines bösen Objektes. Später muß natürlich eine Integration dieser beiden gegensätzlichen Teilobjekte erfolgen. Normalerweise sind die guten Aspekte der Mutter bzw. die positiven Erfahrungen mit ihr viel stärker als die bösen. Auch die libidinösen Triebe überwiegen die destruktiv-aggressiven Triebe, so daß normalerweise das Urvertrauen überwiegt und die beiden gegensätzlichen Objekte integriert werden können.

2.3.2.2. Der Beitrag von R. Spitz

René Spitz war einer der ersten Forscher, der sich schon 1935 zur Überprüfung von psychoanalytischen Hypothesen, der direkten Beobachtung des Säuglings sowie der Mutter-Kind-Beziehung gewidmet hat.

Seine Forschungen und Beiträge sind unter dem Gesichtspunkt der Objektbeziehung zu betrachten, also der Ausrichtung der aggressiven sowie libidinösen Triebe auf ein gemeinsames Objekt.

Spitz nimmt bis etwa zum 3. Lebensmonat eine sogenannte objektlose Stufe an. Diese Stufe ist charakterisiert durch eine außerordentlich hohe Reizschwelle gegenüber der Umwelt. Die Wahrnehmungen sind überwiegend enterozeptiver Art. Sie gehen über die Tiefensensibilität, über viszerale und vegetative Empfindungen. In dieser Zeit ist also ein taktiler Kontakt zwischen Mutter und Kind besonders wichtig.

Die äußere Wahrnehmung ist sehr lückenhaft und wird noch überwiegend vom Trieb gesteuert, d.h. der Säugling nimmt, wie oben angedeutet, die Mutterbrust nur wahr, wenn er hungrig, nicht aber wenn er gesättigt ist.

In der Stufe des Objektvorläufers ab 3. Monat, nimmt der Säugling offenbar das menschliche Gesicht wahr, allerdings auch nur, wenn er Hunger hat. Er folgt dem menschlichen Gesicht mit seinen Augen und reagiert darauf erstmals mit Lächeln.

Um zu prüfen, ob es sich bei diesem Lächeln um einen Ausdruck einer ersten Objektbeziehung handelt oder nicht, hat er weitere Experimente vorgenommen. Er hat das menschliche Gesicht stilisiert und reduziert auf Nase, Augen und Stirn. Das Lächeln erfolgte auch immer wieder auf die Präsentation solcher Attrappen. Daraus schloß Spitz, daß es sich dabei um einen Schlüsselreiz bzw. um einen angeborenen Auslösemechanismus handelt, und noch nicht um eine echte libidinöse Objektbeziehung. Es ist also bisher lediglich zu einer konditionalen Verknüpfung zwischen der sich entwickelnden senso-

risch-kognitiven Wahrnehmung und der koenästhetischen Empfindung der Nahrungsaufnahme bzw. den hieraus resultierenden positiven Gefühlen erfolgt. Auch die Entfernung dieser Attrappen löst schon Spannungsanstieg, Unlust und eventuell Weinen aus.
Auf dieses frühe Lächeln reagiert nun die Mutter normalerweise sehr beglückt und dies dient einer zusätzlichen Absicherung der Mutter-Kind-Beziehung, welche im Stadium dieser totalen Abhängigkeit ja absolut notwendig ist.
In dieser Zeit haben sich auch bereits rudimentäre Funktionen ausgebildet in der Weise, daß eine Wendung aus der inneren Wahrnehmung zur selektiven äußeren Wahrnehmung erfolgt ist. Erinnerungsspuren können verwendet werden zur Möglichkeit eines gewissen Aufschubs von Triebbefriedigungen. Außerdem ist das Lächeln wohl der Ausdruck einer ersten sozialen Beziehung, wobei dies sicher der Prototyp und die Voraussetzung aller sozialen Beziehungen ist.
Die Entwicklung geht nun weiter bis zur Erkenntnis der räumlichen und zeitlichen Identität der Person der Mutter als hauptsächliche Lustquelle. Dies drückt sich aus in der sogenannten »Acht-Monats-Angst«, wobei die Mutter offenbar als ganze Person und nicht mehr als Partial-Objekt wahrgenommen und von anderen bzw. fremden Personen unterschieden wird. Dies ist die Stufe des libidinösen Objektes, in welchem der Säugling ein stabiles inneres Bild von der Mutter etablieren konnte. In dieser Phase tritt das charakteristische »Fremdeln« auf.
Es soll noch erwähnt werden, daß René Spitz mit der Erforschung der Psychopathologie des Säuglings außerordentliche Verdienste erworben hat, die teilweise heute Allgemeingut geworden sind. Er hat z. B. erforscht, daß das affektive Klima von seiten der Mutter entscheidend für die Entwicklung des Säuglings ist. Ablehnung, ängstliche, übertriebene Besorgnis, Wechsel zwischen Verwöhnung und Feindseligkeit und auch unzureichende Zuwendung von seiten der Mutter können sich auf die Entwicklung des Säuglings negativ auswirken.
Bekannt geworden ist die Entwicklung der sogenannten anaklitischen Depression des Säuglings und des Hospitalismus nach längerer Trennung von der Mutter. Aufgrund eines unzureichenden affektiven Klimas können Säuglinge trotz ausreichender Ernährung in einen Marasmus verfallen und schließlich zu Tode kommen.

2.3.2.3. Der Beitrag von D. W. Winnicott

Winnicott hat sich mit dem mütterlichen Aspekt in dieser frühen

Objektbeziehung beschäftigt und hat den Begriff der »primären Mütterlichkeit« geprägt. Dies ist ein spezifischer Zustand der Mutter, der sich während der Schwangerschaft entwickelt und einige Monate nach der Geburt anhält. Er besteht in einer übermäßigen Empfindsamkeit, die Bedürfnisse des Säuglings wahrzunehmen und richtig zu interpretieren. Der Säugling hat eine Vielfalt von Bedürfnissen und dabei nur sehr undifferenzierte Möglichkeiten, dies auszudrücken. Er kann eigentlich nur Weinen, Schreien und Strampeln. Ob nun hinter dem Weinen im Moment ein Nahrungsbedürfnis, ein taktiles Bedürfnis, ein motorisches Bedürfnis oder eine Unlust aufgrund anderer Umstände steckt, dies richtig zu interpretieren und adäquat darauf zu reagieren, ist eine Funktion der sogenannten primären Mütterlichkeit.
Einen weiteren wichtigen Beitrag hat Winnicott zum Verständnis der Rolle der Aggression bei der Objektbeziehung und bei der Entwicklung des Realitätsgefühls geleistet.
Die Aggression wurde in der frühen Psychoanalyse sehr stiefmütterlich behandelt, indem einseitig der destruktive Anteil herausgestellt wurde. Wie oben aufgeführt, haben Schultz-Hencke und andere Forscher die Bedeutung der sogenannten konstruktiven Aggressivität eingeführt. Elhardt (1979) hat darüber eine ausgezeichnete Zusammenfassung geliefert.
Winnicott hält nun auch jegliche Art von Motilität als einen Ausdruck von Aggression. Die Motilität bewirkt eine Expansion in die Umwelt, wo der sich bewegende Säugling an Grenzen, auf Widerstand stößt. Dadurch kommt es schrittweise zu Erfahrungen mit der Außenwelt und somit zu einer Abhebung seiner eigenen Individualität von seiner Umwelt. Außerdem führt dieser Vorgang dazu, daß sich im Laufe der Zeit ein Wirklichkeitsgefühl entwickelt im Unterschied zu den eigenen Phantasien, Vorstellungen, Wünschen und Illusionen. Die Aggression ist also ein wesentlicher Motor auf dem Wege der Subjekt-Objekt-Differenzierung sowie eine wesentliche Wurzel für die Ausbildung des Realitätsgefühls, welche ja bei Borderline-Störungen und vor allen Dingen bei Psychosen so fundamental gestört ist.
Die Mutter muß ein gewisses Maß an Aggression von seiten des Säuglings aushalten, denn durch scheinbar destruktiv aggressive Handlungen, indem der Säugling z. B. der Mutter ins Gesicht schlägt, muß sich der Säugling immer wieder der realen äußeren Existenz dieses Objektes versichern. Eine allzu versagend reagierende Mutter bedeutet für den Säugling bei der symbiotischen Beziehung zur Mutter eine bedrohende Existenz des eigenen Selbst.
Außerdem hat Winnicott mit der Beschreibung der Übergangsphäno-

mene einen ganz wichtigen Beitrag zum Verständnis der sehr komplizierten Selbst-Objekt-Differenzierung geleistet. Diese Phänomene beobachtete er erstmals zwischen dem 4. und 12. Lebensmonat bei Säuglingen. Bei Störungen der Objekt-Beziehungen bei neurotischen Erwachsenen sind diese Phänomene ebenfalls nachweisbar. Beim Übergangsphänomen oder Übergangsobjekt (transitional object) kann es sich um den Daumen des Säuglings, um den Zipfel einer Decke, um ein Kissen, einen Lappen, ein Plüschtier u.a. handeln. Diese Objekte stellen den ersten Besitz des Kindes dar. Sie bekommen eine symbolische Bedeutung, indem sie meist ein Mutter-Substitut oder ein Teilobjekt der Mutter symbolisieren und sie stellen somit den ersten echten kreativen Akt dar. Das Kind beansprucht das Übergangsobjekt als etwas, das nur ihm gehört, es wird leidenschaftlich geliebt oder auch zeitweise gehaßt und »mißhandelt«. Es darf nicht verändert werden (nicht gewaschen werden) und muß das Gefühl von Wärme und Zärtlichkeit vermitteln. Es wird oft so behandelt, als wenn es lebendig sei und eine eigene Realität besitze. Der Verlust bewirkt ängstliche Erregung und Trauer. Bevorzugt wird das Übergangsobjekt zur Zeit des Schlafengehens verwendet, oder wenn sich das Kind vom Verlust eines Liebesobjekts bedroht fühlt. Allgemein dient es zur Abwehr von Ängsten, vor allem depressiver Ängste. Es kann in der Differenzierung des Außenobjektes praktisch hin- und hergeschoben werden, zur Abwehr von Trennungsängsten wieder ganz mit dem Selbst assimiliert werden oder auch zeitweilig als böses, äußeres, getrenntes Objekt behandelt bzw. mißhandelt werden. Mit zunehmender Stabilisierung der Selbst-Objekt-Differenzierung verlieren dann diese Übergangsobjekte an Bedeutung und spielen schließlich überhaupt keine Rolle mehr. Bei späteren psychischen Krisen können diese Objekte dann allerdings wiederbelebt werden. Auf unserer Psychotherapiestation beobachten wir immer wieder, daß vor allen Dingen weibliche Patienten in bestimmten Krisen wieder auf ihre Übergangsobjekte zurückgreifen, mit denen sie dann im Bett schlafen oder mit denen sie auch in die Gruppensitzungen kommen.

2.3.2.4. Der Beitrag von M. Mahler

Bei den Forschungen von Mahler muß man wissen, daß sie sich, wie oben angedeutet, sehr intensiv mit der kindlichen Psychose bzw. dem kindlichen Autismus beschäftigt hat. Dies ist für die Psychoanalyse ein neuer Ansatzpunkt, der besagt, daß nicht mehr die Neurose und der klassische Ödipuskomplex das Modell der analytischen Forschung

ist, sondern die Psychose und der psychotische bzw. narzißtische Kern der Persönlichkeit.
Mahler hat die Entwicklung der ersten Lebensjahre überwiegend unter dem Aspekt der Objektbeziehungen gesehen und hat die Entwicklung in drei große Phasen, nämlich die *autistische Phase*, die *symbiotische Phase* und die *Loslösungs-Individuations-Phase*, die eigentliche »psychische Geburt des Menschen« (Mahler, 1975), eingeteilt. Die letzte Phase hat wiederum vier Subphasen und das Erreichen der Objektkonstanz gelingt normalerweise erst mit Vollendung des 3. Lebensjahres.
Die autistische Phase erstreckt sich über den 1. Lebensmonat und ist eine weitgehend objektlose physiologische Phase. Sie beschreibt diesen Zeitabschnitt ähnlich wie Spitz, stellt auch noch einmal heraus, daß eine ausreichende Bemutterung auch in dieser frühen Phase äußerst wichtig ist, weil nur dadurch der von Reizen überwältigte Säugling die intrapsychischen Spannungen reduzieren könne.
Im 2. Monat erfolgt dann nach der objektlosen autistischen Phase die symbiotische Phase, bei der die Mutter als Partial-Objekt erlebt wird. Die Voraussetzung dieser Phase ist eine vage äußere Wahrnehmung. Das wesentliche Kennzeichen der Symbiose ist eine »halluzinatorische, somato-psychische und omnipotente Fusion mit der Mutter« (Stork, 1976, S. 907). Diese symbiotische Struktur ist deshalb so wichtig, weil aus der Erfahrung in der Symbiose die ersten Repräsentanzen des Selbst, des Körperschemas und der äußeren Objekte entstehen.
Darauf folgt die entscheidend wichtige Loslösungs- bzw. Individuations-Phase. Beides sind komplementäre Vorgänge. Die Loslösung hat das Ziel, intrapsychische Schritte der Differenzierung, ferner die Distanzierung und die Ausbildung der Abgrenzungen von der Mutter zu vollziehen. Unter Individuation versteht Mahler im wesentlichen die Entwicklung intrapsychischer Autonomie mit der Entwicklung der Funktion von Wahrnehmung, Gedächtnis, Denken und Realitätsprüfung.
Der Beginn der ersten Subphase der Loslösungs- und Individuations-Phase wird etwa mit dem 7. bis 9. Monat angesetzt. Es ist die Phase der Differenzierung, indem sich das Gewahrwerden der getrennten Existenz von der Mutter und die Entwicklung des eigenen Körperbildes im wesentlichen abspielen. In dieser Phase beginnt das Kind sein Explorationsverhalten in die Umwelt, es beginnt, sich aktiv von der Mutter zu distanzieren, indem es z. B. von ihr wegkrabbelt. In dieser Phase erfolgt die oben beschriebene Hinwendung zu Übergangsobjekten.
Etwa zwischen dem 10. und 18. Monat erfolgt dann ein weiteres Experimentieren mit dem Sich-Entfernen von der Mutter. In diesem

Alter haben die meisten Kinder das Laufen gelernt und haben somit einen größeren Aktionsradius zur Verfügung.
Der narzißtische Überschwang über neu errungene Fähigkeiten herrscht vor.
Allerdings geht der Distanzkontakt zur Mutter auch öfters mit Ängsten einher, so daß immer wieder eine Rückkehr zur Mutter zum »emotionalen Auftanken« erfolgt. Diese Phase nennt Mahler die Übungsphase.
Daran schließt sich vom 19. bis zum 36. Monat die sogenannte Subphase der Wiederannäherung an. Die kognitive und emotionale Differenzierung ist inzwischen so weit, daß eine erste Form der Identität als getrennte Existenz von der Mutter erreicht ist. Der narzißtische Überschwang über neu errungene Fähigkeiten reicht nun nicht mehr aus und es treten vermehrt Trennungsängste auf. Wichtig ist nun, daß die Mutter für das sich wieder annähernde Kind weiterhin in optimaler Weise emotional verfügbar ist. Ohne diese basale Rükkendeckung ist ein fortschreitender Erwerb einer gesicherten Autonomie nicht möglich.
Diese Subphase ist hinsichtlich der Genese der Borderline-Störungen sehr in den Mittelpunkt der Betrachtung gerückt, wir werden in dem entsprechenden Kapitel später darauf zurückkommen.
Etwa ab dem 36. Monat ist dann eine Objektkonstanz erreicht.
Die psychoanalytische Entwicklungslehre hat nun durch die Untersuchungen der Entwicklung der Objektbeziehung eine enorme Erweiterung erfahren. Die Entwicklung zur Objektkonstanz ist ein viel langwierigerer und komplizierterer Vorgang als man früher annahm. Dadurch ist dieser Entwicklungsvorgang natürlich auch sehr störbar. Ätiologische Faktoren der Depression, des Borderline-Syndroms und der Psychose sowie auch anderer neurotischer Störungen versteht man dadurch heute viel besser.

Zusammenfassung

Der ontogenetische Aspekt bzw. die psychoanalytische Entwicklungslehre spielt für das Verständnis der spezifischen Art der späteren Neurose eine entscheidende Rolle. Der erste Ansatz war die Beschreibung der phasenhaften Entwicklung der psychosexuellen Entwicklung durch Freud. Er ging dabei von dem Grundgedanken aus, daß

Tab. 2: **Synoptisches Schema der psychoanalytischen Entwicklungslehre**

Lebensjahr	**Triebentwicklung** *Freud*	*Erikson*	*Spitz*	**Entwicklung der Objektbeziehungen** *Mahler*	Lebensjahr
0	**Orale Phase** Autoerotismus Einverleibung »Liebe geht durch den Magen«	aufnehmend-einverleibender Modus **Urvertrauen** (Urmißtrauen)	objektlose Stufe »Lächeln« (Objektvorläufer) »Fremdeln« (Objektstufe)	autistische Phase symbiotische Phase Loslösungs-Individuationsphase **Übergangsobjekt** *(Winnicott)* 1. Subphase (Beginn der Trennung)	0
1	**Anale Phase** behalten – hergeben zusammennehmen – loslassen Ordnung, Sauberkeit anale Charakterzüge	Festhalten – Loslassen Selbstbeherrschung Selbstkontrolle **Autonomie** (Zweifel, Scham)		2. Subphase (Übungsphase) 3. Subphase (Wiederannäherung) Bewußtsein der Trennung verstärkt, vermehrt Trennungsängste, Wichtigkeit des Spiels	1
2					2
3	**Phallische Phase** Inzestproblematik Kastrationsangst Ödipuskomplex psychosexuelle Geschlechtsdifferenzierung	**Initiative** »Eindringen« Neugier »Machen«, Freude an Leistung Wettbewerb		4. Subphase (Erreichen der Objektkonstanz)	3
4					4

sich in Anlehnung an physiologische Vorgänge ganz bestimmte psychische Erlebniskategorien entwickeln. Die Entwicklung der »Libido-Organisation« hinterläßt bestimmte Fixierungspunkte, die bei späteren neurotischen Entwicklungen von großer Bedeutung sind. In der oralen Phase herrscht ein massiver aufnehmender und einverleibender Modus vor, während in der analen Phase die Erlebnis-Kategorien Behalten–Hergeben–Loslassen, sowie Selbstbeherrschung, Selbstkontrolle und Einüben von Aggressionen eine wesentliche Rolle spielen. In der phallischen Phase erfolgt erst die psychosexuelle Geschlechtsdifferenzierung, die ödipale Situation und spezifische Ängste (Kastrationsängste) müssen in dieser Phase bewältigt werden.
Erikson sieht hinsichtlich der Objektbeziehung die Entwicklung zum Urvertrauen als das wesentliche Ziel im ersten Lebensjahr an. Während der analen Phase finden die wesentlichen Grundzüge der Autonomieentwicklung statt.
Einen ganz wesentlichen Beitrag zur Entwicklung der Objektbeziehungen hat M. Mahler geleistet. Sie teilt die Entwicklung in eine autistische, eine symbiotische Phase sowie in eine Loslösungs- und Individuations-Phase ein, wobei normalerweise das Erreichen der Objektkonstanz erst mit dem 3. Lebensjahr erreicht wird. Eine ganz entscheidende Phase scheint die Loslösungs-Individuations-Phase darzustellen, die Mahler in vier Subphasen eingeteilt hat und deren Störungen z. B. für die spätere Ausbildung eines Borderline-Syndroms entscheidende Wichtigkeit haben.

2.4. Der strukturelle Aspekt

Aufgrund der vielfältigen klinischen Erfahrungen war Freud zu der Ansicht gekommen, daß der psychische Apparat nicht einfach ein Reiz-Reaktionsorgan darstellt, sondern daß es sich dabei um ein sehr komplexes System handelt mit vielfältigen intrapsychischen Abläufen, denen das bisherige topographische Modell nicht gerecht werden konnte. Er entwickelte ab 1923 das sogenannte Strukturmodell, bei welchem der psychische Apparat in drei Instanzen, nämlich das Es, das Ich und das Über-Ich eingeteilt wurde.

2.4.1. Das Es

Es wird als Reservoir der primitiven Motive und Triebe angesehen, also der libidinösen und aggressiven Kräfte. Es hängt eng mit dem somatisch-biologischen Bereich zusammen, enthält auch erbliche Dispositionen. Es ist das ursprüngliche und eigentliche Kräftepotential des seelischen Apparates. Die Prinzipien des Geschehens sind das Lustprinzip bzw. der Primärprozeß und das Es geht eigentlich in dem früher beschriebenen System des Unbewußten völlig auf.

2.4.2. Das Über-Ich

Es ist als Instanz anzusehen, in der ethisch-moralische Verbote und Gebote zunächst der Eltern und später im Sozialisationsprozeß des gesamten sozio-kulturellen Raumes verinnerlicht sind.
Das eigentliche Über-Ich enthält mehr die einschränkenden, verbietenden, strafenden Aspekte, und das Ich-Ideal ursprünglich den mehr bewundernden und geliebten Elternaspekt, die positiv getönten idealisierten Leitbilder, so wie man gerne sein oder werden möchte (siehe Kapitel Narzißmus, vgl. S. 61).

2.4.3. Das Ich

Die Erforschung und theoretische Konzeption dieser Instanz ist in der letzten Zeit in der Psychoanalyse sehr in den Vordergrund getreten. Während bei der frühen Psychoanalyse überwiegend triebpsychologische Aspekte im Vordergrund standen, auch die Neurose in ihrer Ätiologie überwiegend als Triebkonflikt aufgefaßt wurde, so ist die moderne Psychoanalyse als Ich-Psychologie zu bezeichnen. Bei der Ätiologie der Neurose und auch anderer Störungen (siehe Borderline-Syndrom), steht der dynamische Aspekt weniger im Vordergrund als der sogenannte ich-strukturelle Aspekt, d. h. bestimmte Defizite des Ichs und seiner Funktionsweisen liegen vor und spielen in Ätiologie und Pathogenese psychischer Störungen eine wesentliche Rolle.
Das Ich ist wiederum ein Konstruktbegriff, d. h. die Instanz ist durch Eigenwahrnehmung nicht zugänglich, sondern die Definition erfolgt über seine Funktionen. Dieses zentrale Regulationsorgan des psychischen Apparates hat sehr vielfältige Aufgaben zu erfüllen, die übergeordnete Aufgabe dient letztlich der Selbsterhaltung.

Beim Tierkind sind diese letztlich der Selbsterhaltung dienenden Funktionen schon bei der Geburt im wesentlichen instinktmäßig vorgegeben, während beim Menschen das Ich bei der Geburt nur in sehr rudimentärer Form vorliegt und einer langen komplizierten und natürlich störbaren Entwicklung unterliegt.
Diese Entwicklung läuft im wesentlichen auf zwei Schienen,

- auf der Schiene der Reifung, z. B. der Wahrnehmungsfunktion, der Denkfunktion, der Kontrolle über die Motorik und
- auf der Schiene der Erfahrung in der Weise, daß Einwirkungen der Außenwelt bzw. Erlebnisse mit der Umwelt, z. B. mit den frühen Bezugspersonen, verinnerlicht werden und zu einem Stück innerseelischer Struktur werden.

Das Ich ist im wesentlichen das Resultat aus drei Faktorengruppen:

- aus ererbten Ich-Eigenschaften (»Apparate der primären Autonomie« [Hartmann]),
- aus Einflüssen der Triebe und
- aus Einwirkungen der Außenwelt.

Bei den vielfältigen Regulationsaufgaben spielt natürlich die Vermittlung zwischen den Erfordernissen des Organismus und den Gegebenheiten der Außenwelt eine entscheidende Rolle.
Dazu gehört zunächst einmal eine gut ausgebildete Wahrnehmungsfunktion, dazu gehört das Erinnern früherer eventuell ähnlicher bereits bewältigter Situationen, dazu gehören Denkprozesse, die von Freud als Probehandeln bezeichnet werden. Ferner gehört dazu eine Realitätsprüfung und schließlich ein kontrolliertes und realitätsgerechtes Handeln. Dies alles zielt auf eine zunehmende Unabhängigkeit von unmittelbarer Reizwirkung ab und bezüglich der Triebe ist das Ich nicht nur der Beherrscher, indem es die unmittelbare Triebabfuhr aufschieben kann, sondern auch der Vollstrecker der Triebe. Der Vollstrecker allerdings nicht nach dem Lustprinzip, sondern nach dem Realitätsprinzip.
Die Vermittlung zwischen den Erfordernissen der Innenwelt und der Außenwelt wird von Hartmann als Anpassung beschrieben. Der Begriff der Anpassung ist nicht einseitig als ein passives Unterwerfen an die Gegebenheit der Umwelt zu verstehen, sondern es gibt zwei Formen der Anpassung:

- die alloplastische Anpassung, wobei sich das Ich eine den Bedürfnissen des Organismus entsprechende Umwelt schafft. Menschen, die überwiegend diese Form der Anpassung realisieren, kommen selten in die Sprechstunde eines Psychotherapeuten.
- Weiter gibt es eine autoplastische Anpassung, gewissermaßen eine Selbstanpassung, die etwa in folgenden Maßnahmen bestehen kann:

a) die Prüfung der Realität und das Einbeziehen der bisherigen Erfahrungen läßt es nicht zu, daß ein Triebimpuls unmittelbar realisiert wird. Es kommt hier darauf an, den Triebimpuls eventuell zu modifizieren hinsichtlich seines Triebzieles oder seines Triebobjektes oder auch zunächst einmal ein Triebaufschub bis zu einem zeitweiligen Triebverzicht zu erreichen.
b) Es kann auch zu einer Revision der eigenen inneren Werthaltung kommen, so daß schließlich eine Triebbefriedigung in einer bestimmten Weise doch möglich wird.
c) Einstellungen und Interessen können geändert, ebenso kann die Selbstentfaltung vergrößert werden, so daß eine Erweiterung der Triebbefriedigungsmöglichkeiten erfolgt.
d) Schließlich kann der Konflikt zwischen den Bedürfnissen des Es, den Anforderungen des Über-Ichs sowie den Gegebenheiten der Realität so stark und so unlösbar sein, daß es zur Einschränkung von Selbstwahrnehmung (Verdrängung) oder zur Einschränkung der Realitätsprüfung (Verleugnung) kommt.

Alle diese genannten Formen der autoplastischen Anpassung haben noch nichts mit Psychopathologie zu tun, sondern es handelt sich dabei um ein normal-psychologisches Arsenal, über das jeder verfügen muß. Schließlich kommt es aber sehr oft vor, daß die genannten Möglichkeiten zur Bewältigung des Konfliktes nicht mehr ausreichen und es zu neurotischen Erkrankungen kommt, die in diesem Sinne auch eine, allerdings mißlungene, Form der autoplastischen Anpassung darstellen.

2.4.3.1. Die Signalangst

Die Angst ist grundsätzlich eine normale und biologisch sowie psychologisch notwendige Funktion, die im Körperlichen dem Schmerz vergleichbar ist. Sie stellt eine Warnfunktion dar und aktiviert den Organismus, z. B. in einer Gefahrensituation ganz bestimmte Maßnahmen zu treffen. Beim Vorliegen einer äußeren Gefahr aktiviert die Angst nicht nur biologische Systeme (Notfallsystem), sondern auch psychologische Systeme, nämlich die Gesamtheit der Ich-Funktionen. Die Wahrnehmung wird geschärft, die Realitätsprüfung kommt vermehrt in Gang, die bisherige Erfahrung, die in Form von Erinnerungen gespeichert ist, wird hinzugezogen und schließlich werden besondere Maßnahmen getroffen, wie z. B. Flucht oder Kampf.

Dem Menschen droht jedoch nicht nur Gefahr von außen, sondern auch von innen, weil nämlich seine Triebimpulse ungesteuert zum

Ausbruch kommen können und so indirekt zur Vernichtung des Organismus beitragen können. Außerdem kann die Quelle der Angst das Über-Ich sein, die mit verinnerlichten Verboten früherer Bezugspersonen zusammenhängt.
Die Angst kann sich beziehen auf eine Beschädigung und auf eine Kränkung. Schließlich kann aus psychologischen Gründen eine Vernichtung bzw. Auflösung des Selbst drohen, wodurch massive Angst entsteht. Gefahr kann auch eintreten, wenn z. B. die sozialen Bedürfnisse nach Kontakt, Geborgenheit, Geltung, Liebe, Selbstverwirklichung usw. nicht erfüllt bzw. reguliert werden können.
Das Ich entwickelt die Fähigkeit, die vielfältigen Gefahren bereits in einem ganz frühen Stadium zu erahnen bzw. vorwegzunehmen. Dies nennt man Signalangst und stellt eine wichtige Ich-Leistung dar.
Die Angst ist der stärkste Motor für bestimmte innerseelische Maßnahmen, diese Gefahren abzuwenden bzw. die traumatischen Situationen zu vermeiden. Diese innerseelischen Mechanismen nennen wir die Abwehrmechanismen.

2.4.3.2. Die Abwehrmechanismen

Die Abwehrmechanismen haben insgesamt die Aufgabe, dem Ich unerträgliche Triebimpulse oder Affektzustände fernzuhalten. Dabei sind Abwehrmechanismen keinesfalls als pathologische Mechanismen zu klassifizieren, sie gehören vielmehr zu einem normalen und notwendigen Arsenal psychischer Mechanismen. Als pathologisch sind sie erst dann zu betrachten, wenn die Abwehr zur Ausbildung neurotischer Symptome führt.
Man nimmt heute an, daß auch die Abwehrmechanismen einen Entwicklungsprozeß durchmachen, so daß man von »primitiven« Abwehrmechanismen wie z. B. bei der Spaltung sprechen kann und auch von »reifen« Abwehrmechanismen wie z. B. bei der Verdrängung.
Es ist geradezu unmöglich, einen Katalog von Abwehrmechanismen zu erstellen, der einen Anspruch auf Vollständigkeit hätte. Anna Freud (1936) beschrieb 10 Abwehrmechanismen, inzwischen sind weitere dieser Mechanismen beschrieben worden.
In Tabelle 3 findet sich eine Aufstellung einiger Abwehrmechanismen und deren Beziehung zu bestimmten Neuroseformen.
Bei der *Verdrängung* werden Triebimpulse, Affekte oder Vorstellungen, die dem bewußten Ich unerträglich wären, aus dem Bewußtsein ferngehalten bzw. in das Unbewußte hinausgedrängt. Typischerweise herrscht dieser Abwehrmechanismus bei der Hysterie vor.

Tab. 3: **Einige Abwehrmechanismen und deren Beziehung zu bestimmten Neuroseformen**

Abwehrmechanismen	**Typisch bei**
Verdrängung	Hysterie
Reaktionsbildung	Zwangsneurose
Isolierung	
Ungeschehenmachen	
Introjektion	neurotische Depression
Wendung gegen die eigene Person	
Verleugnung	Borderline-Syndrom
Spaltung	
projektive Identifizierung	
Projektion	Phobie
Verschiebung	
Identifizierung mit dem Angreifer	
Regression	

Bei der *Reaktionsbildung* wird über den verdrängten Wunsch hinaus der gegenteilige Antrieb mobilisiert und als Reaktion auf diesen gebildet. Freud hat in seiner Arbeit »Charakter und Analerotik« (1908) den auf diese Weise entstehenden »analen Charakter« beschrieben, bei der z. B. als Reaktion auf die anale Schmierlust eine übertriebene Ordnungsliebe entwickelt wird.

Bei der *Isolierung* wird die Vorstellung vom dazugehörigen Affekt isoliert, die Triebregung erhält sich im Bewußtsein, ist aber von seiner ursprünglichen Vorstellung getrennt und somit ist der Bedeutungszusammenhang zerrissen (A. Freud, 1936).

Beim *Ungeschehenmachen* liegt ursprünglich noch keine Trennung zwischen psychischer Realität und äußerer Realität vor. Wünsche oder Triebimpulse werden bereits als realisiert erlebt und irgendeine, meist rituelle Handlung, versucht dies ungeschehen zu machen. Beispielsweise erlebt der Zwangsneurotiker seine »Beschmutzungswünsche« bereits als realisiert und in der rituellen Handlung des Waschzwanges versucht er ständig, dies ungeschehen zu machen.

Unter *Introjektion* versteht man eine Verinnerlichung z. B. äußerer Objekte oder Teilobjekte ins eigene Ich. Depressive Patienten neigen dazu, ihren Affekt der Hilflosigkeit z. B. dadurch abzuwehren, indem sie sich an äußere Objekte sehr stark anklammern, um diese zu introjizieren.

Auch die Wendung, insbesondere aggressiver Impulse, gegen die eigene Person finden wir bei neurotischen Depressionen. Wegen der

noch bestehenden symbiotischen Objektbeziehung kann z. B. die entstandene Enttäuschungsaggression nicht gegen das äußere Objekt gerichtet werden, denn dadurch würde ja das Objekt, auf das man besonders angewiesen ist, zerstört. Daher erfahren diese aggressiven Impulse eine Wendung gegen die eigene Person.
Bei der *Verleugnung* werden Teile der Realitätsprüfung gewissermaßen ausgeschaltet. Die Wahrnehmung und Bewältigung der Realität wäre so schlimm, daß ein totaler psychischer Zusammenbruch droht. Die Verleugnung kann also hier Schlimmeres verhindern.
Die *Spaltung* gehört, wie oben angedeutet, zu den primitiven Abwehrmechanismen und ist vor allen Dingen bei Borderline-Störungen beschrieben worden. Es handelt sich auch hier meist um eine Abwehrform aggressiver Impulse. Auch hier kann die Aggressivität nicht in der Weise realisiert werden, daß das frustrierende Objekt ferngehalten oder gar zerstört wird, da noch eine ganz innige Beziehung zu diesem Objekt besteht.
Das Objekt wird deshalb in einen guten und in einen bösen Anteil gespalten. Der böse Anteil wird, soweit es geht, aus dem seelischen Apparat hinauskatapultiert und wird in der Außenwelt angesiedelt. Dort wird er in Form von Übertragungsbeziehungen aber immer wieder erlebt und kann zu einer ständigen Bedrohung werden *(projektive Identifizierung).*
Bei der *Projektion* werden auch aggressive oder libidinöse seelische Inhalte nach außen projiziert, sind aber im Unterschied zur projektiven Identifizierung meist sehr stabil in der Außenwelt angesiedelt. Dort können diese projizierten Inhalte dann bekämpft werden, woraus schreckliche sozial-psychologische Phänomene resultieren, daß z. B. Minderheiten (z. B. die Juden) an allem Schuld sind und vernichtet werden müßten. Die beiden Mechanismen Projektion und Verschiebung können z. B. bei der Phobie sehr gut studiert werden. Ein exhibitionistischer Impuls beispielsweise erzeugt Angst. Diese Angst kommt von innen, wird jedoch nach außen projiziert und vom ursprünglichen Impuls verschoben, so daß das klinische Symptom einer Agoraphobie (Furcht, einen freien Platz zu überqueren) resultiert.
Anna Freud (1936) beschrieb den Abwehrmechanismus der Identifizierung mit dem Angreifer. Es handelt sich dabei um einen aus Introjektion und Projektion kombinierten Abwehrvorgang. Das Subjekt, das sich einer äußeren Gefahr gegenübersieht, identifiziert sich mit dem Angreifer, in dem es die Person des Angreifers z. B. imitiert und die Aggression mit ihm gemeinsam in der Außenwelt (Projektion) bekämpft.
Die *Regression* schließlich ist ein unspezifischer Abwehrmechanismus,

indem entweder in Form einer Trieb- oder Ichregression auf frühere stabilere Verhältnisse im psychischen Organisationsniveau zurückgegriffen wird.
Die Abwehrmechanismen insgesamt sind auch deshalb so schwierig im einzelnen zu beschreiben, weil in der Praxis meist mehrere Abwehrmechanismen gleichzeitig vorkommen.
Das Kapitel der Ich-Psychologie ist sicher sehr schwierig, weil alles so theoretisch und abstrakt erscheint. Wir werden jedoch bei der Besprechung einer sehr bedeutenden strukturellen Ich-Störung, nämlich dem Borderline-Syndrom, auf einige Aspekte der Ich-Psychologie zurückkommen. Dann werden anhand von klinischen Beispielen die abstrakten Sachverhalte sicher etwas evidenter.
In Tabelle 4 sind, wiederum ohne Anspruch auf Vollständigkeit, einige Funktionen des Ichs zusammengestellt worden, um noch mal einen Überblick über die vielfältigen und komplexen Funktionsweisen des Ich zu bekommen.

Tab. 4: **Einige Funktionen des Ich**

- Funktion von Wahrnehmen, Erinnern, Denken, kontrollierter Motorik
- Stätte der Beobachtung (Anna Freud, 1936)
- Funktion der Anpassung als gegenseitiges Verhältnis zwischen dem Organismus und seiner Umgebung
- Fähigkeit der »progressiven Verinnerlichung« (Hartmann, 1965), wodurch der Organismus zunehmend Unabhängigkeit von seiner Umgebung gewinnt
- Beherrscher der Triebe und Impulse (verhindert Impulsdurchbrüche)
- Vollstrecker der Triebe nach dem Realitätsprinzip
- Funktion der Neutralisierung und Sublimierung von Triebenergie
- Fähigkeit der Realitätsprüfung
- Vermittler zwischen Trieben, Realität, Über-Ich und Ich-Ideal
- Stätte der Signalangst und anderer differenzierter Affekte
- Ort der Objektrepräsentanzen
- Funktion der Abwehrmechanismen
- Funktion von Integration und Synthese
- Funktion der Selbsterhaltung

Zusammenfassung

Freud machte die Erfahrung, daß es sich bei dem »psychischen Apparat« um ein sehr komplexes System handelt mit vielfältigen innerseelischen Abläufen. Um diesen Vorstellungen gerecht zu werden, entwickelte er das sogenannte Instanzenmodell, bei dem der psychische Apparat in das Es, Ich und das Über-Ich eingeteilt wird. Diese drei Systeme sind in einer ständigen innerseelischen Kommunikation, die zu einem großen Teil konflikthaft abläuft.
Das Es wird als das Reservoir der primitiven Motive und Triebe angesehen, während das Über-Ich die Gebote und Verbote der Eltern bzw. des sozio-kulturellen Raumes repräsentiert.
Besondere Bedeutung hat das Ich bekommen, denn die moderne Psychoanalyse stellt sich eher als Ich-Psychologie denn als Triebpsychologie dar. Das Ich entwickelt sich per Reifung und per Erfahrung, es verfügt über wichtige Funktionen, wie Wahrnehmen, Erinnern, Denken, Realitätsprüfung etc. und hat vielfältige Aufgaben zu lösen, die vor allen Dingen mit der Anpassung der innerseelischen Systeme mit der Außenwelt zu tun haben. Dies dient letztlich der Selbsterhaltung des gesamten Organismus. Eine weitere wesentliche Ich-Leistung stellt die Signalangst dar, durch welche Gefahren vorweggenommen werden können und schon entsprechende innerseelische Maßnahmen eingeleitet werden, bevor eine traumatische Situation eingetreten ist. Wesentliche innerseelische Maßnahmen stellen die sogenannten Abwehrmechanismen dar, die durch jede Form von Angst aktiviert werden.

2.5. Der Narzißmus

Die Theorie des Narzißmus hat in der modernen Psychoanalyse eine große Bedeutung erlangt. Was verstehen wir darunter? Der Narzißmus hat etwas mit der affektiven Beziehung zur eigenen Person, zum Selbst zu tun. Er umfaßt energetische (also triebdynamische) und strukturelle Aspekte, indem er wesentlich zur Bildung von intrapsychischen Strukturen beiträgt. Außerdem hat er einen entwicklungspsychologischen Aspekt, d. h. er macht wie die Trieborganisation und wie das Ich einen komplizierten Entwicklungsprozeß durch, der

natürlich niemals alleine für sich läuft, sondern immer mit triebpsychologischen und Ich-psychologischen Anteilen eng verwoben ist.
Was den energetischen bzw. triebpsychologischen Anteil angeht, so ist die Frage umstritten, ob es sich bei dieser Energie (die auch als narzißtische Libido bezeichnet wird) um einen Abkömmling der Libido-Sexualis, oder ob es sich dabei um eine qualitativ andere psychische Energieform handelt.
Man könnte also die Theorie des Narzißmus eigentlich sowohl innerhalb des dynamischen, des strukturellen, als auch des ontogenetischen Aspekts der Psychoanalyse abhandeln.
Um nun in diese komplizierte Theorie hineinzukommen, soll zunächst einmal gefragt werden, aus welchen Quellen diese Phänomene denn eigentlich erschließlich sind. Sind diese Theorien mehr oder weniger am Schreibtisch ausgedacht worden, ohne Bezug zur klinischen Praxis?
Die Theorie des Narzißmus greift natürlich, wie die gesamte psychoanalytische Theorie, auf die Erfahrung mit Patienten zurück, die an bestimmten psychopathologischen Störungen leiden, die in der psychoanalytischen Behandlung mehr oder weniger hinsichtlich ihrer Ursprünge rekonstruiert werden können. Eine weitere Quelle bezieht sich auf eine direkte Beobachtung des Säuglings bzw. des Kleinkindes vor allen Dingen hinsichtlich seiner Interaktion mit der Mutter. Schließlich werden gewissermaßen zur Bestätigung immer wieder z. B. Mythen hinzugezogen, die ja als kollektiver Niederschlag verbreiteter individueller psychischer Sachverhalte angesehen werden können.
Weiterhin seien nun einige Definitionen vorausgeschickt. Wichtig für das Verständnis ist die Einführung eines Begriffes von H. Hartmann, nämlich das *Selbst*, im Unterschied zum Ich.
Das Ich hatten wir kennengelernt als eine intrapsychische Instanz mit einer ganzen Reihe von Funktionen, die überwiegend Aufgaben der Anpassung bzw. letztlich der Selbsterhaltung erfüllen.
Das Selbst ist definiert als das Gesamt der psychischen Repräsentanzen (der inneren Bilder und Vorstellungen) der eigenen Person. Das Selbst ist schwer konkret zu definieren, weil es im Laufe der Entwicklung durchaus unterschiedliche Konturen annehmen kann. Darauf wird bei der folgenden Besprechung noch eingegangen.
Narzißmus bedeutet also die energetische Besetzung dieses Selbst. Er hat etwas, wie oben schon angedeutet, mit dem affektiven Zustand der eigenen Person zu tun, also z. B. mit dem Selbstwertgefühl. Weiter drückt sich dieser affektive Zustand des Selbst idealerweise in einem

Gefühl des Wohlbehagens aus, welches sowohl körperliche, stimmungsmäßige, selbstbezogene und zwischenmenschliche Komponenten umfaßt. Weiter umfaßt das narzißtische System Gegenstände wie Sicherheit, Geborgenheit, Harmonie, Größe und Macht.
Aus diesen Inhalten, um die es beim narzißtischen System geht, ist eigentlich schon der Unterschied zu den Trieben erkennbar. Bei der Funktionsweise der Triebe geht es um Spannung, Befriedigung, Lust, während hier die Gegenstände Sicherheit, Wohlbefinden, Geborgenheit, Harmonie etc. eine Rolle spielen.
Wie schon oben angedeutet, ist die Entwicklung dieses narzißtischen Regulationssystems eng verwoben mit der Entwicklung der Triebe und des Ichs. Aus didaktischen Gründen muß jedoch die eigene Entwicklungslinie hier separat dargestellt werden.

2.5.1. Die Entwicklung des narzißtischen Regulationssystems

2.5.1.1. Der narzißtische Primärzustand

Das Vorstellungsmodell dieses Zustandes ist die pränatale Einheit zwischen Mutter und Kind. Normalerweise handelt es sich dabei offenbar um einen Zustand von Harmonie, Behagen, Spannungsfreiheit, fragloser Sicherheit und Geborgenheit. Bedürfnisse bzw. Spannungen wie Hunger, Durst, Atmen, Ausscheidung, Kälte etc. existieren normalerweise nicht bzw. werden nicht erlebt. Es herrscht Harmonie, fraglose Geborgenheit und Sicherheit. Ein konturiertes bzw. abgegrenztes Selbst existiert noch nicht, das Selbst ist entgrenzt, »ozeanisch« (Freud), kosmisch oder verschmolzen mit den Elementen des Kosmos.
Hinweise auf diesen Zustand bekommen wir klinisch aus sogenannten narzißtischen Phantasien.

Klinisches Beispiel 1

Eine meiner Patientinnen, ein zierliches, beinahe zerbrechliches, puppenhaftes Wesen, erzählte mir, daß ihre große Leidenschaft das Fallschirmspringen sei. Sie empfinde dabei keineswegs irgendwelche Angstgefühle, sondern im Gegenteil, ein eigenartiges Glücksgefühl während des freien Fallens. Sie fühle sich so ganz eins mit dem Element der Luft, manchmal habe sie wegen dieses Glücksgefühls Schwierigkeiten, die Reißleine rechtzeitig zu ziehen.
Das gleiche Phänomen schildert sie vom Tauchen, sie fühle sich so eins mit diesem Wasser, daß sie oft die Phantasie hätte, gar kein Tauchgerät zu benötigen.

Weiterhin berichten uns Patienten nach Suizidversuchen häufig entsprechende Phantasien, die auf eine Art Sehnsucht nach diesem narzißtischen Primärzustand hindeuten.

Klinisches Beispiel 2

Eine meiner Patientinnen hatte gemeinsam mit ihrem Freund einen wirklich ernstgemeinten Suizidversuch mit einer Überdosis von Schlaftabletten begangen und sie waren nur durch Zufall rechtzeitig gefunden worden. Dazu hatten sie sich ein Ferienhaus in einer Heidelandschaft gemietet. Die Patientin schilderte die Tage vor ihrem Suizidversuch als paradiesisch schön. Sie lebten abgeschieden von der »lärmenden Welt«, erlebten in diesen Tagen ihre Zweisamkeit und ihre gemeinsame Beziehung zur Natur sehr intensiv und dieser Suizidversuch war quasi eine Fortsetzung dieses paradiesischen Glückszustandes, indem sie offenbar gemeinsam mit der Natur total verschmelzen wollten.

Bibring (1952) schildert die Selbstmordphantasie eines jungen Mannes, der »im Eis und Schnee seiner geliebten Berge einschlafen und erfrieren wollte«.

»Ein anderer hatte das Verlangen, bis zur Erschöpfung in einen See hinauszuschwimmen und müde und friedvoll unterzugehen.«
»Ein junges Mädchen ... hatte die Phantasie, daß sie im Meer ertrinken und ihr Körper sich im Ozean auflösen, in ihm aufgehen würde.«
»Ein anderes Mädchen wünschte, im Wald zu sterben, damit ihr Körper mit der Erde und den Bäumen verschmelze.«

Möglicherweise hat sich das Phänomen des narzißtischen Primärzustandes in Mythen vom Paradies, vom goldenen Zeitalter etc. niedergeschlagen.

2.5.1.2. Die Selbst-Objekt-Differenzierung

Dieser oben beschriebene narzißtische Primärzustand kann natürlich keinen Bestand haben. Bereits zum Zeitpunkt der Geburt und kurz danach fängt es ja an mit dem Erlebnis von Spannungen, von Bedürfnissen und mit der Frustration derselben.

Auch beginnt die Wahrnehmung sich zu entwickeln, die Wahrnehmung eben zunächst dieser inneren Spannungszustände. Hinzu kommt die äußere Wahrnehmung, daß ja alles gar nicht so großartig, geborgen, sicher und harmonisch ist.

Diese Frustrationen können gar nicht vermieden werden, selbst eine ideale Mutter könnte dies nicht leisten, ja sie sollen auch gar nicht vermieden werden. Die sogenannte optimale Frustration stellt für die Entwicklung psychischer Strukturen und Konfigurationen immer einen notwendigen und positiven Anreiz dar. Diese sogenannte »Urverunsicherung« (Henseler, 1976) bringt nun wesentliche Entwicklungsprozesse in Gang, die vor allen Dingen in der ja wichtigen Ich-Du-Differenzierung bestehen.

Auf diesem Entwicklungsweg kommt es zu einer typischen Konfiguration, nämlich der Ausbildung des sogenannten Größenselbst (grandioses Selbst nach Kohut) auf der einen Seite und des allmächtigen Objektes (idealisierte Elternimago nach Kohut) auf der anderen Seite. Die Konfiguration des Größenselbst ist ein völlig normaler Vorgang und jede Mutter oder jeder Vater gehen normalerweise adäquat darauf ein. Das Motto dieses Größenselbst lautet: »Ich bin vollkommen, du strahlst mich an.« Kleine Kinder erleben geradezu einen narzißtischen Überschwang, wenn sie z. B. ein Stück ihrer Umwelt neu begriffen haben, wenn sie irgendeine Fertigkeit, sei es das Laufen, das Klettern oder die Handhabung irgendeiner Funktion bewältigt haben. Die Erwachsenen gehen adäquat darauf ein, indem sie bestätigen, wie großartig dies doch sei.

Dies ist in einem frühen Entwicklungsstadium des Kindes absolut notwendig und stellt gewissermaßen eine Art Reizschutz dar. Wenn das Kind nämlich das reale Ausmaß seiner Abhängigkeit und Hilflosigkeit wahrnehmen könnte, dann käme es aus Ängsten und Depressionen überhaupt nicht mehr heraus.

Die Konfiguration des Größenselbst erfährt natürlich auch in vielen Fällen ihre narzißtischen Frustrationen und so bildet sich eine weitere daneben existierende Konfiguration aus, nämlich die der idealisierten Objekte. Das Motto der idealisierten Objekte lautet: »Du bist vollkommen, aber ich bin ein Teil von dir.« Die Eltern oder sonstige

Bezugspersonen werden ebenso idealisiert wie das eigene Selbst. Hinzu kommt der Vorteil, daß man mit ihnen verschmelzen kann, um somit das narzißtische Gleichgewicht wiederherzustellen.
Dies ist nebenbei gesagt auch für Eltern nicht immer leicht zu ertragen, denn es liegt in der Natur der Sache, daß solche idealen Ansprüche natürlich niemals erfüllbar sind und die ganze weitere Entwicklung für beide Teile nicht ohne Enttäuschungen bzw. Kränkungen erfolgen kann.
Dieses Phänomen finden wir auch im sozial-psychologischen Raum wieder. Irgendwelche Führer einer Gruppe, eines Stammes oder eines Volkes werden idealisiert, Gott ähnlich und die einzelnen Mitglieder der Gruppe oder des Volkes können in einer Art »participation mystique« mit ihm verschmelzen.
Natürlich haben diese beiden Konfigurationen des Größenselbst bzw. der idealisierten Objekte auch ihre Kehrseite, dies wäre auf der einen Seite das Erleben einer totalen Minderwertigkeit und auf der anderen Seite die totale Entwertung anderer Personen.
Bei narzißtisch gestörten Patienten kommt es immer wieder vor, daß ihr eigenes Selbstwertgefühl zwischen illusionären Größenphantasien und auch wiederum nicht realitätsgerechten Minderwertigkeitsgefühlen schwankt. Außerdem neigen sie dazu, ihren Therapeuten maßlos zu idealisieren. Diese Idealisierung kann dann allerdings auch in eine totale Entwertung umkippen.
Bei dieser Konfiguration ist sehr deutlich zu sehen, warum der Begriff des »Selbst« nicht ein für allemal konkret und exakt definiert werden kann. Im narzißtischen Primärzustand hatte das Selbst einen entgrenzten Charakter, während es auf dieser Entwicklungsstufe, während des Beginns der Ich-Du-Differenzierung doch schon gewisse Konturen annimmt, jedoch immer noch beim Auftreten von Schwierigkeiten mit dem idealisierten Objekt verschmelzen kann ... »aber ich bin ein Teil von Dir.«
Die Selbst-Objekt-Differenzierung nimmt dann weitere, schärfere und stabiler abgegrenzte Formen an. Normalerweise kommt es also zu einer stabilen Abgrenzung zwischen dem Selbst und den Objekten. Außerdem entwickelt sich die Fähigkeit, sowohl die eigene Person als auch die Mitmenschen realitätsgerecht einzuschätzen.

2.5.1.3. Die Regulation des narzißtischen Systems

In Abbildung 1 ist die Entwicklung des narzistischen Systems nochmals dargestellt. Aus dem Größenselbst entwickelt sich schließlich das

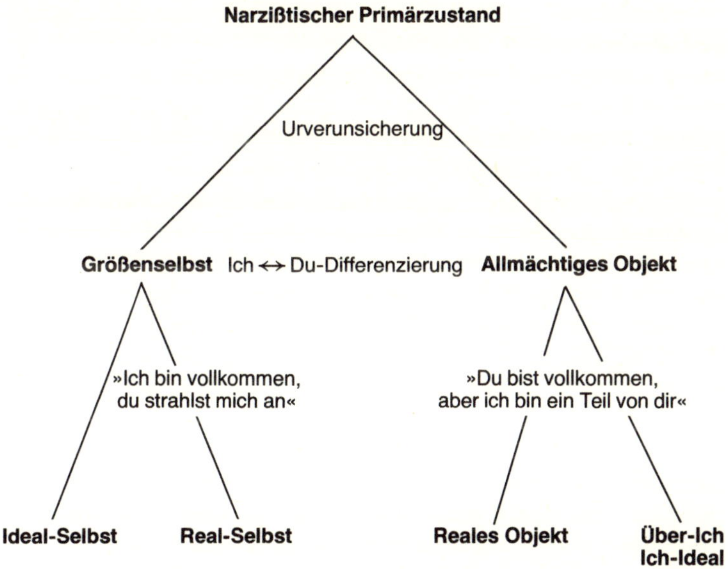

Abb. 1: **Entwicklung des narzißtischen Regulationssystems**

Ideal-Selbst und das Real-Selbst, aus dem allmächtigen Objekt das reale Objekt sowie das Über-Ich/Ich-Ideal. Das Real-Selbst beinhaltet die realistische Einschätzung der eigenen Person und das reale Objekt die realistische Einschätzung anderer Personen. Über-Ich und Ich-Ideal sind zu einer innerseelischen Instanz geworden, die nicht nur Vorschriften, Verbote, Tadel und Strafe enthalten, sondern auch die positiven Leitbilder. Diese stellen Abkömmlinge der idealisierten Objekte dar, nach denen wir streben.

Störungen dieses narzißtischen Systems können von außen herangetragen werden. Irgendeine äußere Situation kann z. B. zu dem Ergebnis führen, »Du bist ja gar nichts wert.« Dies ist sicherlich schon eine Kränkung, kann aber meist innerhalb des Systems kompensiert werden. Das Real-Selbst kann sich beispielsweise prüfen, ist das wirklich der Fall, bist du überhaupt nichts wert? Hierbei spielt das Ideal-Selbst eine wichtige Pufferfunktion. Es kann gewissermaßen weitere narzißtische Energie liefern, beispielsweise mit dem Ergebnis dieser Prüfung: »Auch wenn du einen Fehler gemacht hast, und auch wenn so manche Schwächen bei dir vorhanden sind, so bist du doch im

Grunde und auch im Vergleich zu anderen doch ganz in Ordnung und ganz wertvoll.«

Die Erschütterung des narzißtischen Systems kann aber auch von innen kommen, nämlich vom Ich-Ideal her. Ein ständiges überhöhtes eigenes Anspruchsniveau kann zu den gleichen Kränkungen führen wie der eben beschriebene Vorgang von außen.

In der klinischen Praxis begegnen einem immer wieder Menschen, die im Grunde genommen ein relativ labiles narzißtisches Gleichgewicht haben. Sie haben aber ihre Partnerschaft, ihre sozialen Bezüge und auch ihre beruflichen Positionen wohl unbewußt so konstelliert, daß sie ständig ein gewisses Maß an narzißtischer Zufuhr bekommen. Frauen heiraten z. B. einen Mann, der von ihrer Schönheit fasziniert ist, der ihr immer wieder zeigen und beweisen muß, wie schön, wie attraktiv sie ist.

Männer brauchen u. a. ihre Ehefrau dafür, daß sie ihnen immer wieder sagt, wie tüchtig, wie stark, wie männlich, wie erfolgreich er doch sei. Berufliche Tätigkeiten haben den Sinn, immer wieder fast jeden Tag Erfolgserlebnisse und somit narzißtische Zufuhr zu erlangen.

Es gibt nun allerdings eine Fülle von Situationen, bei denen entweder das narzißtische System sehr labil ist, oder die innere oder äußere Kränkung tritt nachhaltig und immer wieder auf. Diese massiven Kränkungen führen dann zum Auftreten einer besonderen Form von Wut, die im psychoanalytischen Schrifttum als narzißtische Wut bezeichnet wird. Diese sehr intensive Wut wird in der deutschen Sprache sehr treffend als »ohnmächtige Wut« beschrieben.

Eine weitere, wahrscheinlich häufigere Folge von massiven Kränkungen ist die Regression des narzißtischen Regulationssystems. Die Organisation des Narzißmus greift auf frühere stabil erlebte narzißtische Gleichgewichtszustände zurück. Beispielsweise wird die Konfiguration des Größenselbst und der idealisierten Objekte wiederbelebt. Die Regression kann auch weiter bis zum narzißtischen Primärzustand gehen, wie wir es z. B. bei manchen eben beschriebenen Selbstmordphantasien depressiver Patienten gesehen haben. Die narzißtische Katastrophe wäre das Erleben des totalen Verlassen- und Ausgeliefertseins. Dieser Katastrophe wird aktiv zuvorgekommen, indem man sein Selbstgefühl auf einer regressiven Ebene, nämlich auf der Ebene des harmonischen narzißtischen Primärzustands rettet, dabei allerdings auf seine Identität als Individuum verzichtet. Dieses Phänomen können wir nicht nur bei Selbstmordphantasien wiederfinden, sondern auch bei der Verherrlichung des Heldentodes, wobei sicher die Vorstellung eine Rolle spielt, durch aktive Vorwegnahme des Todes einen Zustand ewiger Größe zu erreichen. Die Aufklärung der Zusammenhänge zwischen Selbstmord und narzißtischer Störung verdanken wir vor allen Dingen Henseler (1976).

Zusammenfassung

Der Gegenstand des Narzißmus ist die energetische Besetzung des Selbst, d.h. Entwicklung, Funktion und Regulation eines innerseelischen Systems, das ganz allgemein etwas mit dem Selbst-Gefühl zu tun hat. Erlebnismäßig geht es dabei um Wohlbefinden, um Sicherheit und Geborgenheit, um Harmonie und um Selbstwertgefühl. Das narzißtische Regulationssystem macht einen komplizierten Entwicklungsprozeß durch, der natürlich mit anderen innerseelischen Entwicklungsprozessen eng verbunden ist. Diese Entwicklung geht über einen undifferenzierten narzißtischen Primärzustand über die Konfigurationen von Größen-Selbst und idealisierten Objekten bis hin zu stabilen Selbst- und auch Objektkonturen. Die Selbst-Objekt-Differenzierung spielt in der Entwicklung des narzißtischen Regulationssystems eine entscheidende Rolle. Kränkungen, die aufgrund ihrer Intensität oder aufgrund eines labilen narzißtischen Regulationssystems nicht mehr bewältigt werden können, führen zur Ausbildung der sogenannten narzißtischen Wut und zur Regression dieses Systems. Bei der Regression kann dann eine sogenannte idealisierende Objektbeziehung wiederbelebt werden, oder es bestehen primärnarzißtische Phantasien, die auf eine grandiose Verschmelzung z.B. mit der Natur oder dem Kosmos hinauslaufen und mit einer Aufgabe der Identität einhergehen. Klinisch spielen bei Suiziden bzw. Suizidversuchen diese primärnarzißtischen Phantasien eine großen Rolle.

2.6. Die neurotische Symptombildung

Neurotische Symptome manifestieren sich im allgemeinen im Anschluß an eine sogenannte auslösende Situation. Diese stellt entweder eine Versuchungs- oder eine Versagungssituation dar. Durch die auslösende Situation werden meist schon latent vorliegende Konflikte mobilisiert und ganz akut. Die Konflikte sind mit dem vorhandenen Arsenal nicht mehr lösbar und es entsteht als Sonderform der »autoplastischen Anpassung« ein neurotisches Symptom.

Diese auslösende Situation ist häufig sehr banal und auf den ersten Blick bzw. beim ersten Gespräch weder durch den Interviewer, noch durch den Patienten ohne weiteres zu erkennen. Die auslösende Situation muß also nicht immer hochdramatisch sein, Unglück fällt ja nicht mit Neurose gleich. Es gibt Menschen, die schwere äußere Belastungen und schwere Schicksalsschläge ertragen und verarbeiten, ohne neurotisch zu dekompensieren. Bei anderen Menschen genügt allerdings häufig schon ein »banaler Anlaß«, um die Neurose zur Manifestation zu bringen.

Diese Gegebenheiten bzw. die Bildung des neurotischen Symptoms können wir nun lediglich auf dem strukturellen Hintergrund bzw. dem Gesamt der Dispositionen und des Erlebnisgefüges dieses individuellen Menschen begreifen.

Man könnte auch fragen, ist die Entstehung eines Konfliktes in jedem Falle schon etwas Neurotisches und müßten therapeutische Strategien darauf abzielen, daß die Menschen ohne Konflikte leben könnten?

Natürlich ist der Mensch ein konfliktträchtiges Wesen, d. h. jeder von uns hat fast täglich äußere oder innere Konflikte zu bewältigen. Der Konflikt wird erst dann pathogen bzw. krankmachend, wenn die Kapazität zur Verarbeitung bzw. zur Lösung der Konflikte überfordert ist.

Aus der Beschreibung des strukturellen Gesichtspunktes bzw. der Instanzenlehre kann man entnehmen, daß Konflikte grundsätzlich auf sehr verschiedenen Ebenen ablaufen können. Es kann sich um Konflikte zwischen Es, Ich und Über-Ich sowie zwischen Ich und Außenwelt handeln.

Zum besseren Verständnis der neurotischen Symptombildung von den verschiedenen Ebenen her, sollen einige klinische Beispiele kurz skizziert werden.

Klinisches Beispiel 3

Eine 21jährige Patientin, die aus einem streng religiösen Elternhaus stammte, bei der alles, was mit Sexualität zu tun hatte, völlig tabu war, erkrankte plötzlich an Bauchschmerzen, die sie mehr in den Unterleib lokalisierte. Es trat eine sekundäre

Amenorrhoe auf. Die Patientin fühlte sich innerlich sehr unruhig, sie hatte Schlafstörungen und war weinerlich verstimmt.
Sie selbst brachte diese Beschwerden in den zeitlichen Zusammenhang zu ihrer bevorstehenden Hochzeit. Als erstes berichtete sie über ihren Mann, daß sie sich außerordentlich beunruhigt fühle, wenn sie sich vorstelle, daß dieser Mann vor ihrer Bekanntschaft schon sexuelle Beziehungen zu anderen Frauen unterhalten hätte. Dies sei ohnehin eine ganz andere Natur wie sie, eine Art »Frohnatur«. Die Beschwerden seien eben jetzt aufgetreten, als sie eigentlich mehr wegen einer Wohnung, die sie günstig mieten könnten, den Hochzeitstermin festgemacht hätten.

Der Hintergrund dieser Situation stellt sich insgesamt wie folgt dar: Bei der Patientin mußten aufgrund ihrer Erziehung im Elternhaus die sexuellen Impulse ständig abgewehrt werden. Die sexuellen Triebimpulse fanden sich bis dahin unter einer relativ stabilen Abwehrdecke, bis sie ihren Mann kennenlernte, eine »Frohnatur«, der das, was sie ständig sehr stark abwehren muß, in ganz natürlicher Weise ausgelebt hat und auslebt. Dadurch werden ihre bisher stabil abgewehrten Triebimpulse drängend mobilisiert. Es entwickelt sich eine sehr starke Angst, die Abwehr reichte aber offenbar nicht aus und es entwickelten sich neurotische Symptome, die teilweise in symbolischer Form den Konflikt am konkreten Organsystem darstellen (Unterleibsschmerzen, sekundäre Amenorrhoe).
Diese auslösende Situation hatte den Charakter einer sogenannten Versuchungssituation. Bisher stabil abgewehrte Triebimpulse wurden mobilisiert und der Konflikt war im wesentlichen ein sexueller Triebkonflikt.

Klinisches Beispiel 4

Ein anderer Patient erlebte seinem Vater gegenüber eine ziemlich aggressive Problematik. Es war ihm bewußt, daß er ihn haßte. Er hatte schon öfter von seinem Tod geträumt und hatte ihm auch schon im Wachzustand den Tod gewünscht, was ihn allerdings dann wieder sehr erschreckte und ihn sehr ängstigte. Dieser Vater erkrankte nun lebensbedrohlich und beim Patienten brach eine zwangsneurotische bzw. depressive Symptomatik aus.

Hier handelt es sich um den Durchbruch eines aggressiven Triebkonfliktes. Die lebensbedrohliche Erkrankung des Vaters hatte in der psychischen Realität des Patienten den Stellenwert, daß seine magischen Todeswünsche jetzt Wirklichkeit geworden waren. Es entstanden schwerste Schuldgefühle und der Patient erkrankte akut.

Viele Patienten erkranken an einer ganz bestimmten Schwellensituation ihres Lebens, dann nämlich, wenn sie z. B. aus dem Elternhaus gehen und ihre Entwicklung zur Eigenständigkeit sich nun auch durch äußere Konstellationen wie Berufsausbildung etc. forciert. Sie leben häufig in einem Konflikt zwischen Abhängigkeits- bzw. Geborgenheitswünschen von zu Hause (meist der Mutter) und Verselbständigungswünschen. Durch eine solche äußere Situation kann es zu einer sogenannten Versagungssituation kommen, daß beispielsweise die Geborgenheitswünsche eine Versagung erfahren, was eine auslösende Situation für eine neurotische Symptombildung darstellen kann. Das neurotische Symptom erzwingt dann wiederum die Erfüllung der Geborgenheitswünsche, indem der Betreffende in seiner Kranken-Rolle ja diese Wünsche erfüllt bekommt.
Es könnten noch viele solcher Beispiele angeführt werden, daß Patienten, die eine Versagung ihrer sozialen Bedürfnisse, ihrer Bedürfnisse nach Kontakt, Geborgenheit und Geltung oder auch nach Selbstverwirklichung erfahren, neurotisch dekompensieren.
Ein wesentlicher Faktor, ob nun eine neurotische Dekompensation stattfindet oder nicht, ist in jedem Fall in der Struktur bzw. der Stärke des Ichs zu sehen. Das Ich, das ein hohes Maß an Angstspannung und Frustration ertragen kann, welches über ein gesundes Maß an ausgereiften Abwehrmechanismen, an Objektrepräsentanzen etc. verfügt, ermöglicht in den allermeisten Fällen eine adäquate Bewältigung aller Widrigkeiten des Lebens. In sehr vielen Fällen können dadurch auch insgesamt sehr positive Entwicklungsfortschritte der Persönlichkeit eingeleitet werden.
Es ist auch überhaupt nicht das Ziel psychotherapeutischer Strategien, dem Patienten möglichst alle Frustrationen zu ersparen, sondern ihn in die Lage zu versetzen, Frustrationen und Konflikte adäquat, erfolgreich und konstruktiv zu bewältigen.

Zusammenfassung

Die neurotische Symptomatik entwickelt sich im allgemeinen nach einer auslösenden Situation. Diese auslösende Situation kann den Charakter einer Versuchungssituation haben, daß z. B. bisher stabil abgewehrte Triebimpulse durch ein äußeres Ereignis mobilisiert werden. Die Kapazität der Lösung dieses Konfliktes reicht nicht mehr aus und die neurotische Symptomatik bricht aus. Eine zweite Möglichkeit besteht darin, daß die auslösende Situation eine Versagung bisher befriedigter Wünsche, z. B. Geborgenheitswünsche, Kontaktwünsche etc. mit sich bringt. Ein ganz wesentlicher Faktor, ob sich ein neurotisches Symptom entwickelt oder nicht, ist die sogenannte Ich-Stärke.

Kontrollfragen

2.1. Wie bezeichnet man die Funktionsweise des Unbewußten?
2.2. Beschreiben Sie diese Funktionsweisen.
2.3. Anhand welcher psychischer Phänomene kann man diese Funktionsweisen studieren?
2.4. Was versteht man unter einem manifesten Trauminhalt im Vergleich zum latenten Trauminhalt?
2.5. Was ist Traumarbeit, und welche Mechanismen der Traumarbeit kennen Sie?
2.6. Nennen Sie ein klinisches Beispiel für eine Verschiebung.
2.7. Erklären Sie die Aussage, der Traum sei der Hüter des Schlafes.
2.8. Wieso ist der psychoanalytische Triebbegriff ein sogenannter somato-psychischer Grenzbegriff?
2.9. Beschreiben Sie Äußerungen der sogenannten infantilen Sexualität.
2.10. Ist das psychische Geschlecht von vornherein festgelegt?
2.11. Von welchem lateinischen Wort leitet sich »Aggression« ab?
2.12. Ist die Aggression primär ein destruktives Phänomen?
2.13. Beschreiben Sie Gegebenheiten in der frühen Kindheit, bei der konstruktive Aggression zum Tragen kommt.
2.14. Welche Inhalte werden dem »Es« zugeschrieben?
2.15. Was repräsentiert das Über-Ich?
2.16. Welche übergeordnete Aufgabe hat das »Ich« zu erfüllen?
2.17. Auf welche Weise erfolgt die Ich-Entwicklung?
2.18. Nennen Sie einige wichtige Ich-Funktionen.
2.19. Erklären Sie den Begriff der Anpassung.
2.20. Wieso stellt die Signalangst eine wichtige Ich-Leistung dar?
2.21. Sind Abwehrmechanismen pathologische Mechanismen?
2.22. Nennen Sie einige Abwehrmechanismen.
2.23. Was bedeutet der Begriff Narzißmus?
2.24. Erklären Sie einige Unterschiede zwischen »Ich« und »Selbst«.
2.25. Beschreiben Sie den narzißtischen Primärzustand.
2.26. Beschreiben Sie den Weg der Subjekt-Objekt-Differenzierung aus der Sicht des Narzißmus.
2.27. Nennen Sie ein klinisches Beispiel für die Wiederbelebung des idealisierten Objektes.
2.28. Welche Bedeutung hat der ontogenetische Gesichtspunkt für das Verständnis einer manifesten Neurose im Erwachsenenalter?

2.29. Welche Phasen der psychosexuellen Entwicklung unterscheidet Freud?
2.30. Welches ist die vorherrschende Erlebniskategorie in der oralen Phase?
2.31. Welche Erlebniskategorien treten in der analen Phase in den Vordergrund?
2.32. Welche unterschiedliche Bedeutung haben die Begriffe »Penis« und »Phallus«?
2.33. Erklären Sie den Begriff der Fixierung.
2.34. Welches ist nach Erikson die wichtigste Erlebniskategorie, die unter dem Gesichtspunkt der Objekt-Beziehung im ersten Lebensjahr erworben werden muß?
2.35. Welche Rückschlüsse kann man aus dem Phänomen der »Acht-Monats-Angst« auf den Stand der Objekt-Beziehung des Säuglings ziehen?
2.36. Welche Störungen des affektiven Klimas von seiten der Mutter können sich auf die Entwicklung des Säuglings verheerend auswirken?
2.37. Beschreiben Sie die Bedeutung des sogenannten »Übergangs-Objektes«.
2.38. Welche Phasen der Entwicklung der Objekt-Beziehung unterscheidet M. Mahler?
2.39. Welchen Charakter haben sogenannte symptomauslösende Situationen?
2.40. Erklären Sie den Satz: »Unglück fällt nicht mit Neurose gleich«.

3. Die Diagnose in der Psychotherapie

Die diagnostische Bezeichnung von Krankheitserscheinungen in der Psychoanalyse ist von jeher ein Stiefkind gewesen. Manche sprechen von einer antinosologischen Einstellung der Psychoanalyse (Bräutigam, 1980). Dies hat natürlich wiederum seine Gründe.

Der Psychoanalytiker lenkt im diagnostischen und therapeutischen Prozeß seine Aufmerksamkeit sehr stark auf die entwicklungspsychologischen Fixierungen und auf die unbewußte Konfliktdynamik und weniger auf die Symptomatik. Während des therapeutischen Prozesses ergeben sich immer wieder neue und auch teilweise andere Gesichtspunkte zur Diagnose, so daß die Schlußdiagnose unter Umständen eine andere sein kann als die Anfangsdiagnose. Hier ist also die Forderung, daß die Diagnose vor einer Therapie gestellt werden solle, nur schwer zu erfüllen. Außerdem ist die psychoanalytische Therapie, auch wenn sie sich in Gruppen abspielt, eine Therapieform, die sehr stark auf das Individuum abgestellt ist. Die Gefahr, daß durch eine diagnostische Benennung eine Entindividualisierung und Etikettierung des einzelnen Patienten erfolgen würde, spielt sicher als Hintergrund der Vernachlässigung diagnostischer Klassifikationen in der Psychoanalyse eine Rolle. Natürlich soll der einzelne Mensch nicht etikettiert werden und in eine »Schublade« oben abgelegt werden. Wie in dem Kapitel über den klinischen Zugang zum Patienten ausgeführt, wollen wir ja den einzelnen kranken Menschen in seiner somatischen und psychosozialen Dimension erfassen.

Obwohl in einem klinischen Untersuchungsgespräch diagnostische und therapeutische Dinge nicht ganz sauber voneinander zu trennen sind, haben wir in einem solchen Interview auch das Ziel, eine Diagnose stellen zu können. Die diagnostische Bezeichnung hat hier nicht die Funktion einer Ordnungskategorie zum Selbstzweck, sondern in jeder diagnostischen Bezeichnung steckt eine ungeheure Erfahrung in bezug auf Ursachen, therapeutischer Indikation und Prognose. Durch die diagnostische Bezeichnung wird diese kumulierte Erfahrung im Grunde genommen weiter vermittelt.

Eine besondere Bedeutung hat die diagnostische Bezeichnung für die Forschung. Klinische Praxis und Forschung müssen sich hier gegenseitig befruchten.

Eine zusätzliche Schwierigkeit der diagnostischen Bezeichnung besteht darin, daß die Beschwerden, über die der Patient in der Praxis klagt, außerordentlich vielfältig und vielschichtig sind. Der gleiche Patient klagt z. B. über (funktionelle) Herzschmerzen, ferner über Angstgefühle, über Schlafstörungen, über depressive Verstimmungszustände. Er berichtet von zeitweilig auftretenden Kontrollzwängen und zeigt gleichzeitig eine süchtige Fehlhaltung.
Trotz all dieser Schwierigkeiten setzt sich in fast allen therapeutischen und psychosomatischen Abteilungen die Internationale Klassifikation der Krankheiten (ICD), die im Jahre 1980 als 9. Revision erschienen ist, durch.
In der Praxis wird dabei so vorgegangen, daß das sogenannte Leitsymptom, also das Symptom, das den Patienten subjektiv am stärksten beeinträchtigt, die Hauptbezeichnung bekommt. Die weiteren Bezeichnungen werden dann für die anderen, mehr untergeordneten Symptome gebraucht. Außerdem wird die Symptomdiagnose durch die sogenannte Persönlichkeitsdiagnose ergänzt. Solche zweigliedrigen Diagnosen würden also beispielsweise lauten: Herzphobie bei überwiegend depressiver Persönlichkeitsstruktur, oder Suicidversuch bei narzißtischer Persönlichkeit.

3.1. Übersicht über die Internationale Klassifikation der Krankheiten (ICD)

1. Neurotische Symptome (ICD 300)

Sehr häufig kommen die neurotischen Symptome als *depressive Symptome*, als *angstneurotische Symptome*, als *phobische Symptome* und als *hysterische Symptome* vor.

2. Persönlichkeitsstörungen (ICD 301)

Dazu zählt man die sogenannte *Borderline-Persönlichkeit, die narzißtische Persönlichkeit*, ferner *die Charakterneurose.*

3. Sexuelle Verhaltensabweichungen und sexuelle Funktionsstörungen (ICD 302)

4. Alkoholismus-, Medikamentenmißbrauch (ICD 303–305)

5. Psychosomatische Störungen (ICD 306–307)

Häufig vorkommende Störungen dieser Gruppe sind die *Herzneurose, neurotische Magenfunktionsstörungen, Colitis ulcerosa, Anorexia nervosa* und *psychogene Kopfschmerzen.*

6. Konfliktreaktion (ICD 308)

Am häufigsten kommen Konfliktreaktionen auf Ehe-/oder Partnerkonflikt vor, ferner die Konfliktreaktion auf Studium und Prüfung. Es sollen nun nicht alle in der ICD aufgeführten Störungen in extenso abgehandelt werden, sondern es soll eine kurze Übersicht über einige wichtige neurotische Krankheitsbilder gegeben werden.

3.2. Einige wichtige neurotische Krankheitsbilder

Begriffsdefinition

Als Neurose wird bezeichnet:
Eine krankhafte Störung der Erlebnisverarbeitung mit Symptomen abnormen Erlebens, Verhaltens und (oder) gestörter somatischer Funktionsabläufe. Der Störung liegen eine Fehlentwicklung und konflikthafte Fehlhaltungen zugrunde, die dem Leidenden unzureichend einsichtig sind und deren ätio- und pathogenetische Bedingungen bis in die Kindheit zurückreichen. Die Störung ist primär psychogen, überwiegend umweltbedingt. Sie wird also nicht durch hirnorganische Veränderungen oder überwiegend krankhafte Erbanlagen hervorgerufen (Schwidder, 1972).

3.2.1. Neurosen mit ausgeprägter Angstsymptomatik

Die Angst spielt zwar bei allen Neurosen als Dreh- und Angelpunkt vor allen Dingen bei der Symptombildung eine wichtige Rolle. Es gibt jedoch eine Reihe von neurotischen Erscheinungsbildern mit einer ganz ausgeprägten Angstsymptomatik. Diese Erscheinungsbilder sollen hier im Zusammenhang abgehandelt werden.

3.2.1.1. Die Angstneurose

Die Patienten leiden unter diffuser, frei flottierender Angst, die anfallsweise auftritt oder auch als Dauerzustand vorhanden ist. Diese Angst ist keiner realen äußeren Gefahr zuzuschreiben und ist nicht offen erkennbar an bestimmte Situationen gebunden.
Neben der Angst treten häufig die entsprechenden vegetativen Begleiterscheinungen wie Tachykardie, Schwitzen, Atemstörungen und Diarrhoe auf.
Die Patienten geraten im Laufe der Zeit in eine Art Circulus vitiosus, indem sich eine Erwartungsangst vor dem Wiederauftreten des Angstanfalles entwickelt. Dadurch geraten sie in noch größere Angstspannungen. Außerdem können sich die vegetativen Begleiterscheinungen mehr oder weniger verselbständigen bzw. stark in den Vordergrund treten, wodurch die Patienten dann an die Annahme eines organischen Leidens fixiert sind.
In dem Verhalten sind die unter Angstneurose leidenden Patienten oft gehemmt, erregt, kopflos und unschlüssig und in der Übertragungsbeziehung neigen sie zu einer sehr anklammernden Haltung.
Psychodynamisch herrscht meist eine Trennungsangst vor, d. h. sie sind angewiesen auf die Realpräsenz bestimmter Bezugspersonen, die ihnen Vertrauen und Sicherheit geben. Eine Trennungsgefahr führt dann häufig zu entsprechend massiven Angstanfällen. Diese Trennungsgefahr kann insofern auch von innen kommen, indem die Patienten plötzlich auf eigene expansive Wünsche und Verselbständigungstendenzen mit einem solchen Angstanfall reagieren.

Klinisches Beispiel 5

Eine 30jährige Patientin, die eine überfürsorgliche, ängstliche und sehr einengende Mutter hatte, wollte sich als junges Mädchen mehr und mehr verselbständigen und wollte auch eine Beziehung zu einem jungen Mann anknüpfen. Die Mutter ging massiv dagegen vor, drohte mit Liebesverlust und Strafen. Die Patientin heiratete diesen jungen Mann, der ihr, eigentlich in Fortsetzung der mütterlichen Eigenschaften, sehr viel Sicherheit und Geborgenheit gab, indes blieb eine befriedigende Beziehung auf erotisch-sexuellem Bereich aus.
Die Patientin erlitt nun ihren ersten Angstanfall, als sie aus dieser Ehe ausbrechen wollte und auf dem Wege zu einem anderen Mann war, den sie kurz zuvor kennengelernt hatte und der sie in erotischer Hinsicht sehr ansprach.

Häufig spielt als Hintergrund auch die sogenannte »Triebangst« eine

Rolle. Dabei können sehr starke erotisch-sexuelle oder auch aggressive Impulse nicht adäquat bewältigt werden und führen zu einer neurotischen Angstbildung.
Bei schweren chronischen, diffusen, frei flottierenden Angstzuständen wird heute vermehrt die Nähe zu den Borderline-Fällen diskutiert (Ermann, 1982). Es handelt sich bei der Unmöglichkeit, die Angst entsprechend weiter zu verarbeiten, meist um strukturelle Ich-Defekte, also klinische Manifestationen einer erheblichen Ich-Schwäche.

3.2.1.2. Die Herzphobie oder Herzneurose

Hierbei herrscht, wie bei der Angstneurose, eine starke Angstsymptomatik vor, zusätzlich treten jedoch charakteristische Herzbeschwerden auf. Außerdem bezieht sich die Angst noch darauf, an einer Herzkrankheit zu sterben. Weil diese Störung außerordentlich häufig ist, soll sie hier ausführlicher abgehandelt werden. Dabei lehnen wir uns stark an die Ausführungen von Richter und Beckmann (1969) an.
Die Patienten erleben anfallsartige Beschwerden in Form von Angstgefühlen bis zur Todesangst, in Verbindung mit Herzrasen, welches viele Patienten als »Stolpern«, »Poltern«, »Rumpeln« beschreiben. Sie erleben ferner starke Herzschmerzen, oft ausstrahlend bis in den linken Arm und Atembeschwerden in Form von Kurzatmigkeit und dem Gefühl der Luftnot. Die Patienten entwickeln, wenn sie mehrere dieser Anfälle durchgemacht haben, ähnlich wie bei der Angstneurose, auch die charakteristische Erwartungsangst. Zusätzlich ist ihre Stimmung manchmal sehr niedergedrückt, so daß die Differentialdiagnose zu einer larvierten Depression überlegt werden muß.
Bei dieser Symptomatik fragt man sich gleich, gibt es differentialdiagnostische Kriterien zur organisch bedingten Angina pectoris bzw. zum Herzinfarkt. Natürlich entscheidet letzten Endes das EKG die Diagnose. Bei der organisch bedingten Angina pectoris aber entstehen die Schmerzen im wesentlichen nach körperlicher Anstrengung, während sie bei der Herzneurose meist in Ruhe auftreten. Das Lebensalter der Patienten mit Angina pectoris ist meist über 50 Jahre, während die Altersverteilung bei den Herzneurose-Patienten um das 30. Lebensjahr einen Gipfel aufweist. Bei Angina pectoris bagatellisiert der Patient eher seine Herzbeschwerden, während Herzneurose-Patienten außerordentlich besorgt um ihr Herz sind.
Herzneurotiker zeigen ein charakteristisches Krankheitsverhalten, dies besteht in einer
– *starken Neigung zur Anklammerung.*

Sie klammern sich beispielsweise sehr stark an ihre Bezugsperson wie Ehepartner oder Mutter an. Sie klammern sich auch sehr stark an ihren Arzt sowie an irgendwelche verordneten Medikamente. Wenn sie das Medikament vergessen haben, dann fühlen sie sich zutiefst verunsichert. Ferner zeigt sich ein charakteristisches

– *Schonverhalten.*

Sie geben beispielsweise sportliche Betätigungen auf, reduzieren ihr Arbeitspensum und geben ihre sexuellen Aktivitäten auf. Außerdem neigen sie zu einer überfürsorglichen Kontrolle des Herzens.

Was die symptomauslösenden Momente angeht, so tritt der erste Anfall häufig in Verbindung mit einer Konfrontation von Unfällen, Krankheiten oder Todesfällen in der Umgebung auf. Auch beunruhigende Beobachtungen am eigenen Körper, die dem Patienten schlagartig das Vertrauen in die eigene Unversehrtheit raubt, ist als symptomauslösendes Moment häufig beschrieben. Wenn man sich jedoch die auslösende Situation etwas näher anschaut, so läßt sich immer wieder eine Situation rekonstruieren, die für den Patienten eine Trennung oder eine Trennungsgefahr bedeutet hat.

In der Genese ist es so, daß bei diesen Patienten eine Störung in der Phase der Separation und Individuation vorliegt. Sie haben es nicht geschafft, sich innerlich unabhängig zu machen von der Realpräsenz mütterlicher Figuren. Daraus resultiert ein hohes Maß an Selbstunsicherheit, welches sie unbewußt mit ihren anklammernden zwischenmenschlichen Beziehungen zu kompensieren suchen.

Diese Entwicklungsstörung wird meist überwiegend durch ängstliche, einengend wirkende Mütter bedingt. Viele dieser Mütter litten selbst an einer Angst- oder Herzneurose. Die Patienten wurden dadurch in ihrer Autonomieentwicklung und damit einhergehend in der Ablösung von den Müttern behindert.

Im Unterschied zur Angstneurose bekommt das Organ Herz eine quasi symbolische Bedeutung des allmächtigen symbiotischen Partners, welches man beispielsweise durch konstante Aufmerksamkeit und durch demütige Rücksichtsnahme (Richter und Beckmann, 1969) entsprechend behandeln muß. Der allmächtige symbiotische Partner wirkt auch strafend, wenn man mit eigenen expansiven Wünschen ein Stückchen zu weit gegangen ist.

In einer umfangreichen testpsychologischen Untersuchung mit dem MMPI-Saarbrücken haben Richter und Beckmann die meisten Herzneurotiker entweder dem Typ A oder dem Typ B zuordnen können. Beim Typ A (hohe F-Werte, niedrige L- und K-Werte) handelt es sich

um Menschen, die sehr bedrückt sind und ihren hypochondrisch gefärbten Ängsten ziemlich wehrlos ausgeliefert sind. Sie haben ganz besonders ausgeprägte Anklammerungstendenzen und werden offenbar hilflos überflutet von ihren Angstbeschwerden.
Beim Typ B (niedrige F-Werte, hohe L- und K-Werte) liegen zwar im Hintergrund die gleichen Angstbeschwerden vor, jedoch haben diese Menschen ein Stück kontra-phobische Abwehr aufgebaut, sie haben eine gewisse Tendenz, die Beschwerden zu unterdrücken und zu verleugnen und haben eine besser kontrollierte Fassade und wirken selbständiger.
Was die Therapie der Herzneurose angeht, so ist es besonders nach Meinung von Richter und Beckmann nicht unbedingt erforderlich, daß diese Patienten einer analytischen Psychotherapie zugeführt werden. Sehr oft ist es möglich, daß niedergelassene Allgemeinärzte oder Internisten diese Therapie selbst durchführen können.
Diese Therapie besteht natürlich zunächst in einer gründlichen organischen, internistischen Abklärung. Dann sollte man in einem zweiten Schritt dem Patienten mitteilen, daß es kein organisch bedingtes Leiden, sondern daß dies seelisch bedingt sei. Man sollte großes Verständnis für die wirklich massiven Beschwerden des Patienten aufbringen und versuchen, ihn konsequent und sicher zu führen. Dabei konstelliert der Patient sehr oft eine Art magischen Dialog, er klammert sich sehr stark an und fragt immer wieder, ob es nicht doch etwas Organisches sei. Er will sich ja anklammern an ein omnipotentes Objekt anstelle eines rationalen Dialogs.
Um den Patienten konsequent und sicher psychologisch führen zu können, sollte man vielleicht noch wissen, daß der Übergang der Herzneurose in essentielle Hypertonie oder in organisch bedingter Angina pectoris bzw. in Herzinfarkt wahrscheinlich wegen der Tendenz zur Schonhaltung statistisch gesehen geringer ist als bei der Durchschnittsbevölkerung (Richter und Beckmann, 1969).
Was die medikamentöse Behandlung angeht, so kann dies beim Herzneurotiker nur unterstützend sein. Man sollte sich vor allen Dingen davor hüten, dem Patienten auf Dauer Tranquilizer zu verordnen, weil dies meist zu Abhängigkeiten führt.
Aus psychologischen Gründen sind Mittel, die die Coronardurchblutung fördern, kontraindiziert. Diese Mittel schaden dem Patienten pharmakologisch zwar nicht, rauben ihm jedoch sofort das Vertrauen in die psychologische Führung, wenn er in der Beschreibung liest, dies sei ein Mittel zur besseren Durchblutung des Herzmuskels.
Bei diesen Patienten wird dann häufig weiter die Entspannungsthera-

pie, wie z. B. das autogene Training, eventuell Bewegungs- bzw. Hydrotherapie angewandt. Dies jedoch vor allen Dingen bei dem Typ A erst nach einer gewissen Stabilisierung und einer guten affektiven Brücke zu seinem Therapeuten. In vielen Fällen der Herzneurose läßt sich natürlich eine spezielle ambulante Psychotherapie oder gar eine stationäre Psychotherapie mit dem Ziel, die dahinterstehenden strukturellen Defekte aufzuarbeiten, nicht umgehen.

3.2.1.3. Die Phobie

Bei der Phobie handelt es sich von der Symptomatik her im Unterschied zur Angstneurose um eine Furcht vor bestimmten Situationen, beispielsweise die Furcht, einen freien Platz zu überqueren, die Furcht, in einem geschlossenen Raum zu sein oder die Furcht vor bestimmten Tieren. Bei der Phobie ist die Angst also weiterverarbeitet worden in der Weise, daß sie auf eine bestimmte äußere Situation, die mit dem Ursprung der Angst überhaupt nichts zu tun hat, verschoben und darauf projiziert wird.

Dies hat psychodynamisch den Vorteil, daß die Angst vermieden werden kann, indem man die entsprechende Situation oder den Ort meidet. Im allgemeinen erfolgt jedoch eine immer weitergehende phobische Einengung, so daß die Angstverarbeitung zur Phobie auch den Nachteil hat, daß der Aktionsradius immer weiter eingeschränkt wird.

Was die Psychodynamik angeht, so steht auch hierbei eine unbewältigte ödipale Problematik im Zentrum des psychodynamischen Geschehens. Die schon genannten Abwehrmechanismen der Verdrängung, der Verschiebung und der Projektion beziehen sich auf eigene ödipal-sexuelle Wünsche sowie auf Ängste vor Beschädigung. Ein klassisches Beispiel für die Symptombildung bei der Phobie ist die Tierphobie des »kleinen Hans« (Freud, Bd. VII). Der 5jährige Junge hatte seinem Vater gegenüber eine sehr ambivalente Beziehung entwickelt, d. h. er liebte, haßte und fürchtete ihn gleichzeitig. Es mußte zur Verdrängung der negativen Komponente dieses Beziehungskonfliktes kommen, d. h. der Junge verdrängte den Haß gegen und die Angst vor dem Vater, er projizierte und verschob die Angst dem Vater gegenüber auf die Furcht, von Pferden gebissen zu werden. Er konnte dadurch angstfrei mit dem Vater umgehen und konnte die Furcht vor Pferden vermeiden, indem er zu Hause blieb und nicht mehr auf die Straße ging.

Was die Therapie der Phobie angeht, so berichtet hier die Verhaltenstherapie mit der Methode der systematischen Desensibilisierung der umschriebenen phobischen Symptome gute Therapieerfolge (Rachmann, 1970). Es wird eine Angsthierarchie aufgebaut, die Situationen müssen vorgestellt werden und bei dem ersten Ansatz von Angst wird ein Entspannungsverfahren angewandt. Durch die neue Verknüpfung des geringsten Ansatzes von Angst mit einem Entspannungsverfahren wird eine systematische Desensibilisierung geübt.

3.2.1.4. Hypochondrische Symptome

Bei der Hypochondrie stehen ängstliche und besorgte Gedanken um die eigene Gesundheit, um die Funktion bestimmter Organe mit zahlreichen Krankheitsbefürchtungen im Vordergrund. Es liegt dabei eine Verarbeitung von Angst vor, wobei das Angstobjekt nicht mehr wie beim Phobiker in der Außenwelt ist, sondern es ist in den eigenen Körper gerückt. Diese Angst kann sich auf die Funktion fast jedes Organs beziehen und drückt sich sehr häufig in Form der Karzinophobie oder auch der allgemeinen Dysmorphophobie (Mißgestaltfurcht) aus.

Neben der Angstverarbeitung scheint auch eine narzißtische Störung vorzuliegen, indem die ganze Aufmerksamkeit von den äußeren Objekten bzw. den anderen Menschen abgezogen und auf eigene Organe verlagert wird. Dies geht nach dem Motto: »Wenn mich niemand liebt und sich mit mir beschäftigt, so muß ich mich wenigstens mit mir und meinen Organen beschäftigen.«

Hypochondrische Symptome »verschleiern« häufig Partnerkonflikte. Eine unserer Patientinnen befürchtete, an einer Augenerkrankung zu leiden, die zur Erblindung führe. Alle ihre Gedanken, Vorstellungen und psychische Energien kreisten nur um dieses hypochondrische Symptom, den massiven Partnerkonflikt, in dem sie seit Jahren steckte, konnte sie nicht »sehen«.

Hypochondrische Symptome dienen auch häufig der Verarbeitung von Schuldgefühlen, dazu auch ein kurzes klinisches Beispiel.

Klinisches Beispiel 6

Eine 46jährige Patientin, die unverheiratet war und bei der die sexuellen Impulse sehr unterdrückt waren, kam anläßlich eines Kuraufenthaltes in eine entsprechende

Versuchungssituation. Es kam lediglich zu dem Versuch eines Geschlechtsverkehrs. Von diesem Zeitpunkt an befürchtete sie, an einer Geschlechtskrankheit zu leiden und mit dieser hypochondrischen Befürchtung quälte sie sich seit Jahren.

Hypochondrische Symptome können bei vielen Neurosen vorkommen, sehr häufig bei hysterischen Neurosen, aber auch sehr häufig bei Borderline-Störungen.

Zusammenfassung

Neurotische Krankheitsbilder mit einer ausgeprägten Angstsymptomatik sind die Angstneurose, die Herzneurose, die Phobie und das hypochondrische Symptom. Viele dieser Erscheinungen kommen bei ein und demselben Patienten nebeneinander vor oder können ineinander übergehen.

Bei der Angstneurose treten Angstanfälle mit entsprechender vegetativer Begleitsymptomatik auf oder es besteht eine chronische, frei flottierende Angst, die keiner realen äußeren Gefahr zuzuschreiben ist. Bei der Herzneurose treten neben der Angstsymptomatik entsprechende Herzbeschwerden auf, die manchmal klinisch von einem Herzinfarkt oder einer Angina pectoris nicht zu unterscheiden sind. Hinzu tritt die Befürchtung, an einer organischen Herzkrankheit zu leiden mit entsprechender Schonhaltung und überbesorgten, auf das Herz bezogene hypochondrische Befürchtungen.

Sowohl bei der Angst- als auch bei der Herzneurose liegt psychodynamisch eine Trennungoproblematik zugrunde mit starken Wünschen nach symbiotischer Vereinigung mit dem Primärobjekt Mutter und gleichzeitigen feindseligen Tendenzen. Ambivalente Trennungssituationen sind für die Symptomatik häufig auslösend, ebenso Unfälle und vor allen Dingen Todesfälle in der näheren Umgebung.

Bei der Phobie ist die Angst bereits weiterverarbeitet worden, indem sie nach außen projiziert und auf ein anderes Objekt verschoben worden ist. So resultiert eine Furcht vor bestimmten Situationen mit dem Vorteil, daß man diese vermeiden und somit auch die Furcht vermeiden kann. Die phobische Entwicklung zeigt jedoch häufig Generalisierungstendenz, so daß wiederum eine starke Einengung im Aktionsradius resultiert.

Psychodynamisch liegt im Unterschied zu den Angst- und Herzneurosen meist ein Triebkonflikt vor, der durch eine Versuchungssituation aktualisiert wird und eine entsprechende Verarbeitung erfährt.

Beim hypochondrischen Symptom liegt das Angstobjekt nicht mehr wie beim Phobiker in der Außenwelt, sondern es ist in das Selbst, meist in den eigenen Körper gerückt. Neben den ängstlichen und besorgten Gedanken um die eigene Gesundheit liegt auch häufig eine narzißtische Störung zugrunde.

3.2.2. Hysterische Neurose (ICD 300.1)

Der Begriff Hysterie ist vom griechischen Wort »Hystera« abgeleitet und heißt Gebärmutter. Hippokrates vermutete dort den Sitz der Krankheit, die nach seiner Auffassung nur bei Frauen vorkommen soll. Hinter dieser Vermutung steckte sicher die Erkenntnis, daß dieses so vielschichtige und schillernde Krankheitsbild in dem Zusammenhang mit sexuellen Störungen zu sehen ist.
Freud hat sich in den Anfängen der Psychoanalyse sehr intensiv mit hysterischen Neurosen beschäftigt und konnte bestätigen, daß in der Ätiologie dieser Neuroseform traumatische sexuelle Erlebnisse oder Phantasien eine erhebliche Rolle spielten.
Der Begriff »hysterisch« ist eigentlich sehr geläufig geworden und ist heute mehr oder weniger ein Schimpfwort. Es beschreibt ein Verhalten, welches sehr dramatisch abläuft, theatralisch übersteigert ist und unecht wirkt.
Die klinische Manifestation der hysterischen Neurose tritt auf in Form von

- hysterischen Anfällen,
- Konversionssymptomen,
- Bewußtseinsstörungen,
- sexuellen Funktionsstörungen.

Den klassischen hysterischen Anfall mit »arc de cercle« wird bei uns heute kaum noch beobachtet. Es kommen aber, besonders bei eher einfach strukturierten Patienten, doch immer wieder hysterische Anfälle vor, die eine differentialdiagnostische Abklärung zu epileptischen Anfällen erforderlich machen. Dabei treten die hysterischen Anfälle meist in der Nähe von »Publikum« auf. Die Patienten verletzen sich beim Hinfallen so gut wie nicht, die Pupillenreaktion ist normal, Zungenbiß sowie Einnässen und Einkoten treten niemals auf. Außerdem können diese Anfälle durch energisches Eingreifen meist unterbrochen werden.
Auch treten häufig organbezogene Anfälle, wie z.B. Hyperventilationstetanien als hysterische Anfälle auf und bedürfen natürlich einer sorgfältigen differential-diagnostischen Abklärung.

Hysterische Anfälle haben meist einen sehr appellativen Charakter und verfolgen häufig einen unbewußten sekundären Krankheitsgewinn.

Klinisches Beispiel 7

Eine etwa 35jährige Patientin kam in die neurologische Ambulanz unseres Klinikums zur Abklärung unklarer »Schmerzzustände«. Sie fühlte sich von dem neurologischen Kollegen überhaupt nicht ernstgenommen, er hatte ihr nämlich erklärt: »Sie haben nichts.« Beim Hinausgehen entwickelte sie einen hysterischen Anfall, brach unter dramatischen Umständen vor der Klinikstür zusammen, sie »erzwang« damit ihre kurzzeitige stationäre Aufnahme, ihre weitere differentialdiagnostische Abklärung (Zuwendung) und »bestrafte« den neurologischen Kollegen für seine Bemerkung. Auf der Psychotherapiestation kam schließlich heraus, daß die Patientin unter schwersten familiären Konflikten litt.

Bei den Konversionssymptomen handelt es sich um Körperstörungen in Form von Lähmungen, Schmerzzuständen, Blindheit etc., wobei organisch kein pathologischer Befund erhoben werden kann. Diese Symptome haben einen Ausdruckscharakter, indem sie seelische Inhalte, Vorstellungen, Wünsche oder auch Befürchtungen oft in symbolischer, verzerrter und verdichteter Form ausdrücken bzw. darstellen. Das Organ wird hier praktisch benutzt bzw. mißbraucht für die Darstellung irgendwelcher seelischer Inhalte.

Klinisches Beispiel 8

Ein knapp 16jähriges Mädchen war in einem einfachen, sehr ordentlichen Elternhaus aufgewachsen. Die Eltern waren außerordentlich religiös und alles was mit Sexualität zu tun hatte, war in der Familie einer Art Tabu unterworfen. Nach dem Hauptschulabschluß begann sie nun in einem Krankenhaus eine Hauswirtschaftslehre als Vorbereitung auf die Ausbildung zur Krankenschwester. Sie wohnte in dem Krankenhaus mit mehreren jungen Mädchen zusammen und wurde mit sexuellen Themen derart konfrontiert, daß sie eine psychogene Blindheit entwickelte. Der Konflikt war so stark, daß sie einfach »die Augen davor verschließen« mußte. Es spielte, wie aus Traummaterial zu entnehmen war, auch noch der Wunsch, selbst gesehen bzw. begehrt zu werden, eine Rolle, welches auch in dem Symptom der psychogenen Blindheit enthalten war. Dieses Mädchen zeigte eine merkwürdige Gleichgültigkeit diesem Symptom gegenüber, sie fühlte sich eigentlich gar nicht dadurch beunruhigt, sondern fühlte sich eher erleichtert. Sie hatte im übrigen auch zunächst keinerlei Leidensdruck für die Psychotherapie.

Klinisches Beispiel 9

Eine etwa 40jährige Patientin, unverheiratet, bei der auch alle sexuellen Impulse unter einer bisher stabilen Abwehrdecke sich befanden, entwickelte anläßlich eines Kuraufenthaltes, als sie das erstemal mit einem Mitpatienten über die Kurpromenade ging, eine psychogene Gangstörung, »es war, als käme ich vom rechten Wege ab«. Das psychotherapeutische Material ergab nun, daß durchaus der starke Wunsch dahintersteckte, einmal »vom rechten Wege abzukommen«, daß aber die Abwehr auf diese Versuchungssituation auch in dieses Symptom einfloß, in dem sie sich von ihrem »Kurschatten« nach rechts entfernte. Diese psychogene Gangstörung persistierte über ein halbes Jahr und entwickelte sich in Richtung eines Wandgängerphänomens in der Weise, daß die Patientin nur an einer Wand entlang gehen konnte. In diesem Symptom ist der psychische Konflikt zwischen Triebimpuls und Abwehr pantomimisch dargestellt bzw. ausgedrückt.

Zu den hysterischen Bewußtseinsstörungen zählt man die hysterischen Dämmerzustände (dissoziative Reaktionen), die ebenfalls immer einer sorgfältigen differentialdiagnostischen Abklärung zu irgendeiner hirnorganisch bedingten Störung bedürfen. Die Patienten tun etwas, was nachher der Amnesie verfällt. Dissoziative Störungen werden auch als Symptome bei den sogenannten Borderline-Störungen diskutiert.

Bei den meisten, an hysterischer Neurose leidenden Patienten liegen auch sexuelle Funktionsstörungen vor. Bei der Frau findet man häufig Frigidität, Anorgasmie sowie Dyspareunie und beim Manne sind Potenzstörungen in Form von Erektionsschwächen und Ejaculatio praecox besonders häufig.

Bei der Psychodynamik der Patienten, die an hysterischen Neurosen leiden, findet man regelmäßig teils bewußt erlebte, aber überwiegend unbewußte Verwicklungen in der Beziehung zu Vater und Mutter. Es liegen sowohl infantil sexuelle als auch aggressive Phantasien vor, die teils den gleichgeschlechtlichen und teils den andersgeschlechtlichen Elternteil betreffen. Dies wird in der Psychoanalyse mit einer nicht bewältigten phallisch-ödipalen Problematik bezeichnet. Diese nicht bewältigte Problematik hat zur Folge, daß bei hysterischen Neurosen ständig ein beträchtliches Quantum an Angst zu bewältigen ist. Die Angst ist bekanntlich der entscheidende Motor, der die Abwehrmechanismen in Gang bringt. So funktionieren Verdrängung und Verleugnung bei hysterischen Neurosen blitzartig.

Neben den Störungen auf der phallisch-ödipalen Phase findet man auch Entwicklungsstörungen aus früheren Phasen, die in einer erheblichen Labilität des »Selbstbildes« bestehen mit ungeheurem Bedürfnis nach Bestätigung, Anerkennung und Geltung von außen. Darin liegt eine gewisse Tragik, daß der Hysteriker mit seinen hysterischen Verhaltensweisen (hysterisches Notschreiverhalten) sich bezüglich der Reaktion seiner Umwelt meistens genau um das bringt, wonach er strebt. Hysterische Patienten neigen durch die Labilität der Selbstbilder sehr stark zur Identifikation, sie können sehr schnell begeistert sein, beispielsweise von diesem oder jenem Therapeuten, identifizieren sich so mit ihm, daß sie fast seine Rolle einnehmen. Sie spielen in ihrem Leben fast immer »Rollen«, allerdings kann diese Identifikation auch jäh zusammenbrechen.

Hysterische Patienten haben eine Neigung zum »Agieren«, d. h. auf der Station kommt es immer wieder vor, daß sie z. B. den einen gegen den anderen ausspielen.

Auch dramatische Umstände der Einweisung, beispielsweise Telefonanrufe an den verschiedensten Stellen, mehrere Angehörige, Freunde und Bekannte rufen an, schließlich wird der Klinikchef in das Agieren mit eingespannt.

In therapeutischer Hinsicht ist es oft recht schwierig, sich dem Mitagieren zu enthalten. Wichtig ist hierbei eine konsequente, sachliche Distanz bei wohlwollendem Verständnis der dahinterstehenden Ängste und psychischen Probleme.

Zusammenfassung

Die hysterische Neurose ist ein sehr schillerndes Krankheitsbild und kann sich in sehr vielfältiger Weise äußern. Körpersymptome treten in Form der sogenannten Konversionssymptome auf. Diese Symptome bilden den körperlichen Ausdruck verdrängter seelischer Inhalte. Betroffen sind am häufigsten der motorische und sensorische Bereich, also Gangstörungen, Lähmungen, Blindheit, Aphonie etc. Die zugrundeliegenden Konflikte sind meist sexueller Art und entstammen der ödipalen Entwicklungsstufe.

Der hysterischen Persönlichkeitsstruktur liegt eine erhebliche Labilität des Selbstbildes zugrunde mit einem ständigen Bedürfnis nach Anerkennung, Geltung und auch Darstellung. Hysterische Patienten neigen durch die Labilität ihrer Selbstbilder sehr stark zur Identifikation, sie nehmen in ihrem Leben meist wechselnde Rollen ein.

Hysterischen Patienten gelingt es selten, den sexuellen Bereich in ihre

Persönlichkeit zu integrieren. So liegen häufig sexuelle Funktionsstörungen, wie Frigidität bei der Frau und Erektionsstörungen und Ejaculatio praecox beim Manne vor.
Therapeutisch ist eine energische konsequente Führung angezeigt, ferner eine ruhige, sachliche Distanz bei wohlwollendem Verständnis der dahinterstehenden unbewußten Dynamik.

3.2.3. Die Zwangsneurose

Das Phänomen des Zwanges ist außerordentlich verbreitet. Es kommt bei Gesunden vor in Form kleiner Zwangsgedanken und -impulse, ferner kommen Zwangssymptome bei Intoxikationen, Enzephalitiden vor, bei Psychosen, besonders bei der Schizophrenie aber auch bei endogenen Depressionen, schließlich bei abnormen Persönlichkeiten.
Bei der eigentlichen Zwangsneurose handelt es sich um eine Zwangssymptomatik aufgrund einer neurotischen Entwicklung.
Der Anteil der Zwangsneurosen in psychotherapeutischen Kliniken oder Ambulanzen ist wesentlich geringer als z. B. der der hysterischen Neurosen. Nach verschiedenen Übersichten liegt die Häufigkeit bei etwa 1 bis 4% in der klinischen oder ambulanten psychotherapeutischen Praxis.
Die Symptomatik manifestiert sich im wesentlichen in
- Zwangsgedanken und Zwangsvorstellungen,
- Zwangsimpulsen,
- Zwangshandlungen.

Die Zwangsvorstellungen, Zwangsgedanken und Zwangsimpulse werden regelmäßig begleitet von ängstlichen Befürchtungen, wodurch diese Symptome für den Patienten sehr quälend werden.
Die Symptomatik wird insgesamt als ich-fremd erlebt, der Patient sieht ein, daß viele der Symptome unsinnig sind, er kann sich aber diesem Zwang nicht entziehen.

Klinisches Beispiel 10

Bei einer unserer Patientinnen fiel auf, daß besonders ihre Handlungen von einem ständigen Zweifel begleitet wurden. Sie fragte sich: »Bin ich überhaupt berechtigt, zu Ihnen in die Poliklinik zu kommen. Habe ich das richtig gemacht, daß ich hierher gekommen bin, sind nicht andere eher berechtigt, sich in einer solchen ›Anstalt‹ vorzustellen, reicht das überhaupt was ich habe? . . .«

Die Patientin berichtete ferner, daß sie sich – sie war seit einigen Monaten standesamtlich verheiratet – zwanghaft mit dem sexuellen Vorleben ihres Mannes beschäftigen mußte. Dabei geriet sie in eine starke innere Erregung, denn sie mußte sich immer wieder die schrecklichsten obszönsten Vorstellungen darüber machen. Sie berichtete ferner über zahlreiche Kontrollzwänge ». . . wenn ich das Licht ausgeschaltet habe, dann muß ich mehrmals gucken, ob es auch aus ist . . .«

Schließlich berichtete sie am Ende des Gespräches unter starker affektiver Beteiligung, daß sich ihr, besonders beim Abwaschen zu Hause, der Zwangsimpuls aufdrängte, ihren Vater mit dem Messer umbringen zu müssen. Sie mußte sich diesbezüglich ständig beschwichtigen, mußte ständig dann eine Art magischer Formel sagen: »Es kann nichts passieren, es kann nichts passieren.«

Bei dieser Patientin wird deutlich, daß alle ihre Handlungen und Gedanken von einem ständigen tiefen Zweifel begleitet sind. Hier wird die von Quint (1971) beschriebene Handlungsstörung sehr deutlich. Sie kann sich nicht darauf verlassen, eine Handlung zu Ende geführt und zuverlässig abgeschlossen zu haben. Das Denken, das von Freud als Probehandeln bezeichnet wird, unterliegt einer ähnlichen Störung. Bei dieser Patientin wird ferner deutlich, daß ihre Gedanken im Rahmen einer magischen Grundeinstellung ablaufen. Eine auslösende Situation für ihre psychische Dekompensation bestand im übrigen darin, daß der Vater an einer offenbar lebensbedrohlichen Erkrankung ins Krankenhaus eingeliefert werden mußte. Ihre Zwangsimpulse, den Vater umbringen zu müssen, bekamen dadurch auf der magischen Ebene eine tragische Realisierung.

Bei einer anderen Patientin lag ein Waschzwang vor. Sie mußte sich etwa fünfzigmal pro Tag die Hände waschen, obwohl sie sonst eher »schmuddelig« und ungepflegt war. Beim Waschen benutzte sie immer stärkere Desinfektionsmittel, so daß bereits entsprechende Hautveränderungen vorlagen. Dahinter steckte die Befürchtung, sich an den Händen beschmutzt zu haben und dieses Zwangsritual diente der Abwehr dieser Beschmutzungsfurcht. Hier manifestiert sich der Abwehrmechanismus des Ungeschehenmachens.

Psychodynamisch gesehen spielen krisenhafte Zuspitzungen sexueller aber auch aggressiver Konflikte eine entscheidende Rolle. Meist liegt ein sehr strenges, rigides Über-Ich vor, weshalb oft schwere Schuldgefühle bestehen. Es kommt zu einer Regression, vor allen Dingen auf anal-sadistischen Fixierungen und die Abwehrmechanismen des Ungeschehenmachens und der Isolierung der Vorstellung vom Affekt sind regelmäßig nachzuweisen. Die ritualisierte Handlung (z. B. die des Waschzwanges) zielt auf ein Ungeschehenmachen der auf der magischen Ebene realisierten Beschmutzung ab.

Die zwangsneurotischen Symptome entwickeln sich auf der Basis der anankastischen Persönlichkeitsstruktur (siehe S. 108).
Die psychoanalytische Therapie gestaltet sich im allgemeinen als sehr schwierig und zeitlich sehr aufwendig. Allerdings hat Quint (1971) in einer eindrucksvollen Kasuistik gute therapeutische Erfolge bei sorgfältiger Indikationsstellung berichtet. Auch die Verhaltenstherapie berichtet über positive Therapieresultate (Rachmann, 1965).

Zusammenfassung

Bei der Zwangsneurose liegen Zwangsymptome in Form von Zwangsgedanken, Zwangsvorstellungen, Zwangsimpulsen und Zwangshandlungen vor, die das Ergebnis einer neurotischen Entwicklung sind. Psychodynamisch resultieren die zwangsneurotischen Symptome aus einer Kompromißbildung zwischen einem strengen Über-Ich und unvollständig verdrängten, meist aggressiven, jedoch auch sexuellen Triebimpulsen. Die Symptombildung entwickelt sich nach einem auslösenden Ereignis durch Regression auf Fixierungen in der analsadistischen Phase. Dabei spielen die Abwehrmechanismen der Isolierung und des Ungeschehenmachens eine wesentliche Rolle. Das Vorkommen der Zwangsneurose ist wesentlich seltener, als das der anderen beschriebenen Neuroseformen. Die Therapie verbindet sich mit spezifischen Problemen und ist meist schwierig und langwierig. Bei entsprechender Indikationsstellung werden jedoch aus psychoanalytischer Sicht befriedigende Therapieresultate beschrieben.

3.2.4. Die neurotische Depression

Das depressive Syndrom ist gekennzeichnet durch einen traurigen Affekt, eine niedergedrückte Stimmung und eine allgemeine Hemmung des Antriebserlebens. Hinzu kommen Minderwertigkeitsgefühle, Neigung zu Selbstvorwürfen, Selbstanklagen und schließlich Suizidgedanken. Außerdem sind vegetative Beschwerden wie Schlaflosigkeit, Libidoverlust und Obstipation typisch.
Die nosologische Problematik der Depression soll hier nicht erörtert werden, sondern hier soll uns die neurotische Depression interessieren, d.h. die Depression, die überwiegend psychodynamisch bzw. psychogenetisch erklärbar und verstehbar ist.

Freud hat 1917 in seiner Arbeit »Trauer und Melancholie« eine Unterscheidung zwischen Trauer und Melancholie vorgenommen. »Trauer ist regelmäßig die Reaktion auf den Verlust einer geliebten Person oder einer an ihre Stelle gerückten Abstraktion wie Vaterland, Freiheit, ein Ideal usw. . . .«
»Die Melancholie ist seelisch ausgezeichnet durch eine tiefschmerzliche Verstimmung, eine Aufhebung des Interesses für die Außenwelt, durch den Verlust der Liebesfähigkeit, durch die Hemmung jeder Leistung und die Herabsetzung des Selbstgefühls, die sich in Selbstvorwürfen und Selbstbeschimpfungen äußert und bis zur wahnhaften Erwartung von Strafe steigert.« »Die Trauer weist dieselben Züge auf, bis auf einen einzigen; die Störung des Selbstgefühls fällt bei ihr weg« (Freud, Bd. X, S. 428/429).
Trauer entsteht also nach einem Verlusterlebnis und dieser Verlust wird im Laufe der Zeit durch Trauerarbeit bewältigt. Die Realitätsprüfung zeigt, daß das geliebte Objekt nicht mehr besteht und es wird »alle Libido aus ihren Verknüpfungen mit diesem Objekt abgezogen« (Freud, Bd. X, S. 430). Das Ergebnis einer gelungenen Trauerarbeit besteht dann nicht darin, daß die geliebte Person vergessen ist, sondern man behält eine realitätsgerechte Erinnerung an sie, das Ich ist nach der Vollendung der Trauerarbeit wieder frei und ungehemmt und auch in der Lage, wieder neue Beziehungen einzugehen.
Die Depression wird auch durch ein Verlusterlebnis ausgelöst, wobei der Verlust real, ideeller Natur sein kann und in manchen Fällen ist die Bedeutung des Verlustes unbewußt. Die entstehenden Selbstvorwürfe und Selbstanklagen erklärt Freud mit einer fehlverarbeiteten Aggression. Diese Aggression habe ursprünglich dem verlorengegangenen Objekt gegolten, aber aus bestimmten innerseelischen Gründen wird sie jetzt gegen das eigene Selbst gewendet und die Klagen dieser Kranken sind im Grunde genommen Anklagen.
Diese innerseelischen Gründe liegen nun darin, daß eine Fixierung auf der oralen Phase der Libidoentwicklung entstanden ist. In dieser Phase ist das Kind von seiner Bezugsperson noch äußerst abhängig und neigt überwiegend zu Identifikation. Wenn in dieser Phase traumatische Frustrationen von seiten der Mutter auftreten, dann entsteht Aggression. Diese Aggression kann jedoch nicht realisiert werden, indem sich das Kind von seiner Mutter unabhängig macht oder in der Weise, daß es die Mutter zurückstößt oder gar verletzt oder zerstört. Wegen der starken Abhängigkeit bleibt nichts anderes übrig, als diese Aggression gegen die eigene Person zu wenden.
Dieser Mechanismus wird dann bei späteren auslösenden Situationen

innerseelisch wieder in Gang gebracht mit dem Ergebnis, daß eine Trauerarbeit hier nicht mehr stattfinden kann, sondern in Depression übergeht. Freud faßt so die Depression als eine mißlungene Trauerarbeit auf, der »Schatten des Objektes fällt auf das Ich«, so daß bei der Trauer die Welt arm und leer geworden ist, bei der Melancholie ist es das Ich selbst (Freud, Bd. X, S. 431 und 435).

Diese überwiegend triebdynamische Erklärung der Depression hat inzwischen weitere Ergänzungen erfahren, die überwiegend aus dem Konzept des Narzißmus und aus der Erforschung der frühen Objektbeziehung stammen.

Bibring (1952) beschreibt die Depression als einen gefühlsmäßigen Ausdruck eines Zustandes von totaler Hilflosigkeit des Ich. Die narzißtische Besetzung des Ich sei völlig zusammengebrochen, gehemmt oder gelähmt. Er unterscheidet hinsichtlich der narzißtischen Besetzung unterschiedliche Ich-Zustände:

- normaler Narzißmus = das sichere, gefestigte Ich,
- gesteigerter Narzißmus = das euphorische Ich,
- bedrohter Narzißmus = das ängstliche Ich,
- zusammengebrochener, gehemmter oder gelähmter Narzißmus = das *depressive Ich*.

Im Mittelpunkt der Bibringschen Auffassung über die Entstehung der Depression bzw. der depressiven Disposition stehen also traumatische Erfahrungen des Kindes oder Kleinkindes von seiner eigenen Hilflosigkeit und der Fixierung dieses Gefühls. Dies sei eine Grundreaktion auf Situationen narzißtischer Frustrationen, die in ähnlicher Weise wie die Angst eine Grundreaktion des Ichs in Gefahrensituationen darstellt.

Insgesamt hat sich, u.a. durch frühkindliche Traumatisierungen, eine depressive Disposition ausgebildet. Hinzu kommt später ein kränkendes Erlebnis oder ein Verlusterlebnis mit der Wiederbelebung früherer Konflikte und struktureller Defekte und der Ausbildung der depressiven Symptomatik.

Diese depressive Disposition resultiert im wesentlichen in den ersten 18 Monaten, vor allen Dingen im Zuge der Individuations- und Separationsphase (siehe M. Mahler) aufgrund vielfältiger Traumatisierung.

Die wesentlichen pathogenetischen Bedingungen aus psychoanalytischer Sicht sind die folgenden:

- Das narzißtische System insgesamt ist wenig gefestigt, d.h. stark abhängig von äußerer narzißtischer Zufuhr.
- Es besteht keine klare Trennung zwischen Selbst- und Objektreprä-

sentanzen, wobei der Objektverlust bzw. der drohende Verlust teilweise den Charakter eines Selbstverlustes hat und durch Trauerarbeit nicht bewältigt werden kann.
- Vor allen Dingen durch diese beiden Voraussetzungen kommt es bei Frustrationen zu einer Fehlverarbeitung von aggressiven Impulsen, wodurch die Aggression gegen das eigene Selbst gewendet wird.
- Hinzu kommt eine häufig enorme Diskrepanz zwischen dem Ich-Ideal und den Selbstrepräsentanzen, d. h. bei den Patienten ist häufig ein ungeheures Anspruchsniveau an ihre eigenen Fähigkeiten vorhanden, was zusätzlich eine dauernde Quelle innerseelischer narzißtischer Spannungen bedingt.

Es soll noch erwähnt werden, daß die moderne psychoanalytische Auffassung von der Ätiologie der Depression selbstverständlich auch biologische, erbgenetische und neurophysiologische Faktoren annimmt und somit einen multifaktoriellen Ansatz zugrunde legt. Die depressive Disposition wird aus psychoanalytischer Sicht in den ersten 18 Lebensmonaten im wesentlichen durch vielfältige Traumatisierungen in der frühen Objektbeziehung erworben, wodurch sich entsprechende Störungen der Selbst- und Objektrepräsentanzen und des narzißtischen Regulationssystems ergeben. Dadurch können die durch traumatische Frustrationen immer entstehenden Aggressionen nicht konstruktiv verarbeitet und die Fehlverarbeitung aggressiver Impulse kann fast immer nachgewiesen werden.

Zusammenfassung

Die neurotische Depression wird ausgelöst durch ein Verlusterlebnis oder ein bestimmtes kränkendes Ereignis. Das Syndrom ist gekennzeichnet durch eine niedergedrückte Stimmung, eine allgemeine Hemmung des Antriebserlebens und durch vegetative Beschwerden wie Schlaflosigkeit, Obstipation und Libidoverlust. Im Unterschied zur Trauer kommen noch Minderwertigkeitsgefühle, Neigung zu Selbstvorwürfen, Selbstanklagen und schließlich Suizidgedanken hinzu. Eine Grundthese der psychoanalytischen Auffassung besteht darin, daß aus bestimmten innerseelischen Gründen eine Trauerarbeit nach einem Verlust oder einer Kränkung nicht geleistet werden kann und deshalb die Depression auftritt. Diese spezifische innerseelische Situation ist vor allen Dingen in der frühen Kindheit im Zuge der Individuations- und Loslösungsphase aufgrund vielfältiger Traumatisierungen entstanden. Diese depressive Disposition besteht darin, daß insgesamt das narzißtische System wenig gefestigt ist und daß sich eine klare Trennung zwischen Selbst- und Objektrepräsentanzen nicht herausbilden konnte. Dies sind die Voraussetzungen dafür, daß die bei entsprechenden Frustrationen entstehenden Aggressionen nicht adäquat verarbeitet werden können und das Aggressionspotential eine Wendung gegen die eigene Person erfährt.

3.2.5. Das Borderline-Syndrom

Dieses Syndrom ist auch in der 9. Revision der ICD noch kein Bestandteil des Diagnoseschlüssels und Glossars psychiatrischer Krankheiten. In der klinischen Praxis wird diese Diagnose jedoch heutzutage sehr häufig gestellt. Das Verständnis dieses Krankheitsbildes bereitet allerdings im allgemeinen einige Schwierigkeiten, so daß hier eine etwas breitere Darstellung vorgenommen werden soll.
Borderline (Grenzlinie) ist eine geographische Metapher und wird zur Definition von vielfältigen, teils unklaren, teils fließenden Übergangserscheinungen zwischen Neurose und Psychose verwendet. Diese unklaren, fließenden Übergangserscheinungen zwischen Neurose und Psychose wurden natürlich auch früher schon beobachtet und in der Literatur sehr unterschiedlich bezeichnet. Stern sprach 1938 von einer Borderline-Neurose, Hoch und Polatin 1949 von pseudoneurotischer Schizophrenie, Hoch und Cattell 1959 von Pan-Neurose, Grinker 1968 von Borderline-Syndrom und Kernberg seit 1968 von Borderline-Persönlichkeit, Borderline-Struktur und Borderline-Störungen.
Rohde-Dachser nannte ihre monographische Darstellung 1979 »Das Borderline-Syndrom« und in der psychoanalytischen Literatur hat sich diese Bezeichnung eingebürgert.
In den diagnostischen Klassifikationen wird das Borderline-Syndrom an vielen Kliniken unter den »Persönlichkeitsstörungen« (ICD 301) abgehandelt.
Die Psychoanalyse erhebt heute den Anspruch, unter Borderline-Syndrom ein eigenständiges Krankheitsbild beschreiben zu können, welches sich prinzipiell von der Psychose abgrenzen läßt. Die Abgrenzung von der Neurose ist dabei häufig etwas schwieriger.
Wenn man über Befunde und Theorien dieses Krankheitsbildes aus psychoanalytischer Sicht berichten will, so sollte man sich vorher

vergegenwärtigen, woher das Material stammt, das diesen Befunden und Theorien zugrunde liegt. Die Basis ist, wie immer in der Psychoanalyse, die Erfahrung mit Patienten in psychoanalytischen Behandlungen. Dabei finden in einer meist hohen Stundenfrequenz von zwei- bis dreimal pro Woche sehr intensive Gespräche statt, bei welchen die Patienten alle ihre Einfälle, ihre Empfindungen, ihrer Phantasien, Wünsche, Ängste usw. möglichst frei mitteilen. Außerdem wird stark auf die sogenannten Übertragungsvorgänge geachtet, die ein Licht auf die Objektbeziehungen des Patienten bzw. deren Störungen sowie deren Entwicklung in der frühen Kindheit werfen. Es handelt sich also um ein sehr umfangreiches und auch sehr subtiles Material, was der psychoanalytischen Theorie zugrunde liegt.

Die Borderline-Diagnose ist nach Kernberg (1978) eine kombinierte Diagnose, und zwar setzt sie sich zusammen aus:

- phänomenologischen Kriterien,
- strukturellen Kriterien,
- ontogenetischen Kriterien.

3.2.5.1. Die Phänomenologie des Borderline-Syndroms

Bei der Borderline-Symptomatik ist typisch, daß die Patienten alle nur erdenklichen neurotischen Symptome aufweisen können. Charakteristisch dabei ist ferner, daß diese Symptome einer ständigen Fluktuation unterliegen. Rhode-Dachser (1979) hat einige typische Borderline-Manifestationen herausgearbeitet:

– *Chronische, frei flottierende Angst.*

Bei der Besprechung der Angstneurose wurde schon angedeutet, daß eine chronische, diffuse, frei flottierende Angst häufig ein Zeichen von Ich-Schwäche darstellt. Ein gesundes Ich findet normalerweise Weiterverarbeitungsmöglichkeiten der Angst, indem die Angst abgewehrt wird und andere Symptome, wie phobische Symptome oder hysterische Symptome entstehen.

– *Zwangssymptome, die episodenhaft Ich-synton werden.*

Normalerweise werden Zwangssymptome als Ich-fremd erlebt. Der Patient weiß beispielsweise, daß sein Waschzwang »Blödsinn« ist, trotzdem muß er dem Zwang nachgeben. Es gibt aber Zwangssymptome, die episodenhaft Ich-synton werden, wobei sie eine wahnhafte Gewißheit bekommen können.

– *Dissoziative Reaktion.*

Klinisches Beispiel 11

Ein 25jähriger Patient setzte sich in sein Auto, fuhr nach München, weil er dort früher mal eine Freundin gehabt habe, deren Adresse er auch gar nicht mehr wußte. Er trieb sich dort mehrere Tage herum und konnte sich schließlich an den ganzen Ablauf überhaupt nicht mehr recht erinnern.

- *polymorph-perverse Sexualität*
- *episodischer Verlust der Impulskontrolle.*

Klinisches Beispiel 12

Eine 28jährige Lehrerin geriet immer wieder in einen Verlust ihrer Impulskontrolle, indem sie, obwohl sie sonst eher gehemmt war, manchmal auf der Straße Männer ansprach und sich ihnen prostituierte. Dabei praktizierte sie immer wieder wechselnde, als pervers zu bezeichnende sexuelle Verhaltensweisen.

Entscheidend hierbei ist nicht die sexuelle Perversion, die in der Art und Weise festgelegt ist, daß eben ein Orgasmus nur durch eine bestimmte sexuelle Technik erreicht werden kann, sondern entscheidend hierbei ist dieses Wechselhafte.

3.2.5.2. Das Borderline-Syndrom als Strukturproblem

Hierbei geht es um die Ich-strukturellen Defekte, die sich folgendermaßen manifestieren können:
Einmal geht es um unspezifische Zeichen von Ich-Schwäche wie mangelnde Angsttoleranz, Mangel an Impulskontrolle, mangelnde Sublimierungsfähigkeit und Nähe des Denkens zum Primärprozeß. Dann findet man regelmäßig eine Beeinträchtigung der *Beziehung zur Realität*, sowie des *Realitätsgefühls* bei meist gut erhaltener Fähigkeit zur *Realitätsprüfung*. Frosch (1969) definiert die *Beziehung zur Realität* als die Fähigkeit, äußere und innere Realität korrekt wahrzunehmen und in angemessener Form zwischen innen und außen zu unterscheiden. Unter *Realitätsgefühl* versteht er ein unmittelbares Erleben der Wirklichkeit der äußeren und inneren Welt. Die *Realitätsprüfung* schließlich ist die Möglichkeit, durch Beobachtung und logische Schlußfolgerungen Störungen in den beiden ersten Bereichen des Realitätsbezuges zu erkennen und zu korrigieren.

Dies ist ein sehr wichtiger differentialdiagnostischer Punkt, vor allen Dingen gegenüber der Psychose. Bei Borderline-Patienten ist nämlich die Fähigkeit zur Realitätsprüfung immer erhalten. Dies muß auch in der Therapie sehr intensiv und konsequent eingesetzt werden.
Ein ganz wesentliches strukturelles Kennzeichen für das Borderline-Syndrom sind die spezifischen Abwehrstrategien:

- *die Spaltung (Splitting)* sowie die Hilfsmechanismen der Spaltung wie
- Verleugnung,
- projektive Identifizierung,
- Idealisierung.

Die Spaltung war bei den Abwehrmechanismen schon als archaischer bzw. unreifer Abwehrmechanismus beschrieben worden. Reifere Abwehrmechanismen im Sinne der Verdrängung haben sich bei der Borderline-Störung kaum entwickeln können. Die Spaltung ist als aktive Ich-Leistung aufzufassen und dient der Abwehr destruktiver aggressiver Impulse, indem böse Selbst- und Objektrepräsentanzen von den guten getrennt werden. Normalerweise ist in der Entwicklung eine Integration positiver und negativer Objektrepräsentanzen erfolgt, hier dient die Spaltung dazu, die nicht integrierten Ich-Zustände im bewußten Erleben voneinander zu separieren. Bei der Spaltung resultiert eine Schwarz-Weiß-Zeichnung, Zwischentöne können nicht zugelassen werden.
Die Ursache der Spaltung ist meist eine archaische Aggression, die als Enttäuschungsaggression entsteht und nicht bewältigt werden kann. Die Objekte werden in böse und gute Objekte gespalten, wobei die bösen Objekte die Gefahr bringen, die guten Objekte und die guten Selbstrepräsentanzen zu zerstören. Deshalb werden die Objekte gespalten und die bösen Objekte werden projiziert, herauskatapultiert, sind jedoch damit nicht draußen, sondern es besteht wegen des Charakters der damaligen Objektbeziehung eine Art Identifizierung, so daß die Objekte von außen dauernd drohen, kontrolliert und bekämpft werden müssen (projektive Identifizierung).
Die Idealisierung ist deshalb als Abwehrvorgang zu sehen, weil dadurch keine Ambivalenz und keine Aggression aufkommt, ein idealisiertes Objekt braucht bzw. kann also nicht gehaßt werden.
Rohde-Dachser (1979) berichtet von einem Patienten, der in der Analyse über kränkende Vorwürfe von seiten seiner Ehefrau erzählte. Dabei hat er eine Technik des Abschaltens entwickelt, er *verleugnete* diese Kränkung völlig.

Über die Übertragungsbeziehung zu seiner Therapeutin wurde das Phänomen etwas deutlicher, er sagte: »Sie haben in meiner Vorstellung für mich eine weiße Weste und Sie müssen diese weiße Weste unter allen Umständen behalten, sonst könnten Sie nicht mehr meine Therapeutin sein. Wenn Sie etwas sagen, wodurch auf dieser Weste ein schwarzer Fleck entstehen könnte, kann ich Ihnen nicht mehr weiter zuhören und ich kann mich auch nicht mit dem beschäftigen, was Sie vielleicht gesagt haben. Ich muß dann meine ganze Kraft dafür aufwenden, Sie von diesem Fleck wieder reinzuwaschen, indem ich nach einer Entschuldigung für Sie suche. Ähnlich geht es mir bei meiner Frau. Ich darf nicht zulassen, daß ihr Bild zerstört wird, indem ich mir ihre Kränkungen anhöre. Ich könnte mit diesem zerstörten Bild nicht weiterleben« (Rohde-Dachser 1978, S. 84).

Der Patient beschäftigte sich mit Zwangsgrübeleien über das sexuelle Vorleben seiner Ehefrau. Die Grübeleien drehten sich endlos um die Frage, ob die Ehefrau als junges Mädchen von ihrem Geliebten vergewaltigt worden, also ein Opfer sei, oder ob sie sich freiwillig mit ihm eingelassen und sich damit in der Sicht des Patienten prostituiert habe.

Es wird hier deutlich, daß der Patient sein Mutterbild in eine gute sexuelle symbiotische Mutter und eine böse, verräterische ödipale Mutter-Hure gespalten hat. Dieser Spaltungsmechanismus manifestiert sich in der Beziehung zu seiner Ehefrau und auch in der Übertragungsbeziehung zu seiner Therapeutin.

Der gleiche Patient beschäftigte sich in der Analyse weiter mit den früheren Geliebten seiner Ehefrau. Die beiden Projektfiguren wurden sehr bildhaft, er betitelte sie »der Schatten, der Russe«, die er sich in Form von Titelbildern zweier Bücher vorstellte. Plötzlich registrierte der Patient in panischer Angst, wie der Schatten auf dem Buchtitel größer zu werden begann und ihm, wie mit einer Gummilinse herangezogen, »auf den Leib rückte«. Er hatte das Gefühl, der Schatten würde im nächsten Augenblick »in ihn eindringen und mit ihm verschmelzen« (Rohde-Dachser, 1979).

An diesem Beispiel ist das Phänomen der projektiven Identifizierung sehr gut zu erkennen. Eigene aggressive Impulse werden in Form dieses Spaltungsproduktes hinauskatapultiert, sind aber nicht stabil projiziert, sondern werden plötzlich bedrohlich und »rücken ihm auf den Leib«.

Diese beiden klinischen Beispiele stammen nun aus analytischen Situationen. Man könnte denken, dies seien Kunstprodukte der analytischen Situation. Die Phänomene sind jedoch ubiquitär und kommen auch auf Psychotherapiestationen vor.

Klinisches Beispiel 13

Einer unserer Patienten teilte das therapeutische Team in gute Therapeuten und schlechte Therapeuten ein. Dabei war während der Therapie häufig ein Wechsel zu verzeichnen. Dies ergab eine absolute Schwarz-Weiß-Zeichnung, irgendwelche Grautöne konnten von ihm nicht zugelassen werden. Er spaltete ebenso seine

Mitpatienten, vor allen Dingen ältere weibliche Mitpatientinnen. Diese idealisierte er maßlos, indem er in ihnen die guten Mütter sah, mit denen er gerne sehr innig zusammen sein wollte. Eine solche Mitpatientin wurde dann nach der Entlassung, nachdem er irgendeine banale Information über sie erfahren hatte, plötzlich von ihm ins Gegenteil verkehrt (die Patientin hatte in einer Nachtbar eine Stelle als Animierdame zur Aushilfe angenommen). Seit diesem Zeitpunkt war diese vorher idealisierte Mitpatientin für ihn die ganz und gar böse Hure.

Heising und Möhlen (1980) beschreiben ein Fallbeispiel zur Spaltungsübertragung bei stationärer Psychotherapie:

Klinisches Beispiel 14

Es handelt sich um einen 23jährigen, unverheirateten Patienten, der in einer Autolackiererei tätig ist. Der Patient verbrachte seine gesamte Kindheit in Heimen oder bei Pflegeeltern. Er lernte seine Mutter erst mit 18 Jahren kennen. Sein leiblicher Vater ist ihm nicht bekannt. Er kam sofort nach der Geburt in eine Säuglingsanstalt, wechselte dann dreimal bis zum 5. Lebensjahr das Kinderheim und kam mit dem 10. Jahr zu Pflegeeltern. Sowohl die Heimzeiten wie auch der Aufenthalt bei den Pflegeeltern ist in der Erinnerung des Patienten von Brutalität, Enttäuschung, Entbehrung und Krankheit durchsetzt. Nach verschiedenen Tätigkeiten als Hilfsarbeiter wurde er später in einer Autolackiererei angelernt, wo er heute noch tätig ist.

Der Patient wurde wegen seit 5 Jahren rezidivierender Magenschleimhautentzündungen, verbunden mit Angst- und Unruhezuständen in die Klinik überwiesen. Die Denk- und Verhaltensweisen des Patienten sind vor Klinikaufnahme ausgesprochen primärprozeßhaft, von Impulsdurchbrüchen gekennzeichnet, es bestehen eine nur geringe Frustrationstoleranz und ein hohes Maß an Kränkbarkeit. Es handelt sich um eine Störung, die der von Kernberg beschriebenen Borderline-Persönlichkeit sehr nahe kommt.

Aus den ersten Wochen des Stationsaufenthaltes sollen hier einige charakteristische Details berichtet werden. Gleich am 2. Tag begrüßte er eine ihm bis dahin unbekannte Schwester, stellt sich mit Vornamen vor und duzt sie. Auch in den folgenden Tagen ist er bemüht, sich mit den Teammitgliedern (Schwestern, Pfleger, Gestaltungstherapeutin) zu duzen. Angemerkt sei, daß sich die Patienten auf der Station üblicherweise gleich von Beginn an mit »Du« anreden. Während dieser ersten Woche ist der Patient außerordentlich freundlich, zugewandt und wirkt im Vergleich zu den Vorgesprächen sehr entlastet und weniger depressiv. Auf die Hinweise, daß es nicht üblich sei, sich zwischen Patienten und Therapeuten zu duzen, reagiert er zunächst mit Unverständnis, später mit Ratlosigkeit, quittiert es meistens jedoch mit einem hilflosen Lachen. Inhaltlich berichtet der Patient ausschließlich über schlimme Erlebnisse am Arbeitsplatz, demütigende Ereignisse in den Heimen und bei seinen Pflegeeltern. Insgesamt schildert er eine böse, ihn verfolgende Welt außerhalb der Klinik.

Der Patient spaltet seine Welt in die gute Klinik mit guten Therapeuten und guten Patienten, mit denen er verschmelzen möchte und in die böse Außenwelt, die bösen Pflegeeltern, die bösen Heime, die bösen Arbeitgeber.

Bereits in der 2. Woche ist zu beobachten, daß der Patient zunehmend in kleine Streitereien und aggressive Auseinandersetzungen mit den Mitpatienten gerät. Gegen Ende der 2. Woche beschimpft er eine Mitpatientin auf das Heftigste, daß sie ihm alles wegesse, und daß er äußerst bedacht darauf sein müsse, hier nicht zu kurz zu kommen. Es kränkt ihn außerordentlich, daß er die Therapeuten mit den Mitpatienten teilen muß. Er fühlt sich in die Heimsituation zurückversetzt. Er sondert sich von den Patienten ab, spricht kaum in der Gruppentherapie und beschränkt sich auf aggressive Kurzbemerkungen. Die Begegnung mit den Schwestern, der Gestaltungstherapeutin und dem Gruppentherapeuten sind von überschwenglicher Freundlichkeit gekennzeichnet.

Jetzt fühlt sich der Patient durch seine Mitpatienten außerordentlich gekränkt, daß er zu kurz käme, daß er die Therapeuten mit ihnen teilen müsse, gleichzeitig begegnet er den Schwestern, der Gestaltungstherapeutin und dem Gruppentherapeuten mit überschwenglicher Höflichkeit. Die Spaltung hat sich inzwischen verlagert, die vorher gute Welt der Klinik ist jetzt gespalten in die der bösen Mitpatienten und die des guten Teams.

Die allmählich einsetzende Bearbeitung seines projektiven Verhaltens (ich bin gut – meine Mitpatienten sind böse) führt zu einem zunehmenden Mißtrauen den Schwestern gegenüber. Die folgende Episode bringt dies zu einem Höhepunkt. Wegen einer aggressiven Auseinandersetzung mit einer Mitpatientin war er sehr erregt und bat eine ältere Schwester, die bisher seine Hauptkontaktschwester war, um ein Gespräch. Da diese bereits einem anderen Patienten ein Gespräch zugesagt hatte, bat sie ihn, später zu kommen. Hierüber war er äußerst erbost, behauptete, sich zuerst angemeldet zu haben und wies dann seinerseits das später angebotene Gespräch zurück. In der Gestaltungstherapie malte er am gleichen Tag eine häßlich aussehende Frauengestalt mit Hörnern – ein Teufelsweib –. In den folgenden Tagen geht er besagter Krankenschwester völlig aus dem Weg, vermeidet ihr zu begegnen oder sie auch zu grüßen.
Noch in der gleichen Woche sucht der Patient eine Prostituierte auf. Er berichtet, daß das sexuelle Zusammensein zwar nicht sehr befriedigend war, daß er aber mit ihr ein langes und gutes Gespräch geführt habe. Er habe sich von ihr sehr verstanden und angenommen gefühlt. In der gleichen Zeit entwickelt der Patient Zahnschmerzen an einem Zahnwurzelrest. Die in der Zahnklinik eingeleitete Behandlung lobt der Patient über alles, er sagt: »So freundliche Zahnärzte habe ich noch nie erlebt, wo ich doch sonst immer Angst vor dem Zahnarzt habe.«

Jetzt wechselt wieder die Spaltung und zwar spaltet er als Folge der narzißtischen Kränkung durch die einsetzende Deutungsarbeit seine Welt in eine böse Innenwelt in Form der bösen Schwester und in eine gute Außenwelt (Prostituierte, Zahnarzt). Hierbei wird, glaube ich, die Realitätsverzerrung durch die Übertragung sehr deutlich. Er erlebt bei der Prostituierten, daß er mit ihr ein langes und gutes Gespräch geführt habe, und daß er sich sehr verstanden fühlt.

Der von ihm attackierten und gemiedenen Krankenschwester geht er nach wie vor aus dem Weg. Gleichzeitig kann er aber zu einer jüngeren Krankenschwester und auch zur Gestaltungstherapeutin eine eher positive Beziehung entwickeln. Der jüngeren Schwester berichtet er von der Episode mit der Prostituierten und kann auch berichten, daß er im Grunde das, was er wollte – eine befriedigende sexuelle Beziehung –, dort nicht bekommen hätte. Bei der Gestaltungstherapeutin beklagt er sich, daß nur noch schlechte und mangelhafte Farbstifte vorhanden seien. Als ihm die Gestaltungstherapeutin ein noch unbenutztes Päckchen zu seiner persönlichen Verfügung überreicht, strahlt er über das ganze Gesicht und fragt ungläubig: »Ganz für mich alleine?« Als dies bejaht wird, zeigt er sich tief dankbar und zufrieden. In der folgenden Zeit zieht er die Gestaltungstherapeutin öfter in sein Vertrauen und bietet ihr, zu einer entsprechenden Gelegenheit, sogar eines seiner Frühstücksbrötchen an.
Diese zunehmenden positiven Beziehungen zum Team führen dazu, daß er sich in der Gruppentherapie mehr öffnen kann, häufiger über seine Gefühle spricht, sowie über Gedanken zu den Mitpatienten. Hierbei ist sein grundsätzliches Mißtrauen, das zum Teil paranoide Züge trägt, jedoch nach wie vor vorhanden. Er vermutet, das Unbefugte in der Klinik etwas über ihn erfahren, daß der Klinikchef mit dem Oberarzt über ihn reden, und daß in ominösen Konferenzen über ihn gesprochen wird. Das Mißtrauen und die Wut auf einzelne Personen innerhalb der Klinik kumuliert schließlich in dem Vorwurf: »Es ist eine ungeheure Schweinerei, daß die Scheiß-Sekretärinnen ein eigenes Klo haben.« Hierzu sei angemerkt, daß das Personal, das nichts mit der Station zu tun hat, aber im gleichen Haus angesiedelt ist, eine eigene verschlossene Toilette benutzt. Die Patienten kommen täglich an dieser Toilette vorbei, wenn sie vom Essenwagen ihr Essen auf die Station tragen (Heising und Möhlen, 1980, S. 73/74).

Inzwischen hat der Patient offenbar die narzißtische Kränkung durch die Enttäuschung über die Prostituierte wahrnehmen können und spaltet jetzt die Welt der Klinik wiederum in gute Schwestern und böse Schwestern bzw. Sekretärinnen.
Die sehr schwierige therapeutische Aufgabe besteht darin, daß der Patient lernt, gute und böse Seiten von Mitpatienten und dem eigenen Selbst zu integrieren.
Diese häufigen Spaltungsoperationen bei Borderline-Patienten deuten schon darauf hin, daß die Selbst- und Objektrepräsentanzen häufig nicht gut voneinander getrennt sind. Die Pathologie der Selbstrepräsentanzen manifestiert sich häufig durch eine gewisse Durchlässigkeit der Selbstgrenzen durch einen Mangel an »Ich-Gefühl« und durch eine Identitätsdiffusion.

Klinisches Beispiel 14

Wallerstein berichtet eine Episode aus einer psychotherapeutischen Behandlung, wo die Patientin auf dem Höhepunkt ihrer aggressiven Auseinandersetzung mit dem Analytiker mit dem Auto einen Kater überfuhr, von dem sie in diesem Augenblick sicher war, daß er das Gesicht des Analytikers hatte. Die Patientin hatte bereits früher einmal in Wut die Katze der Familie mit einem Gewehr erschossen und dann heimlich aus dem Auto in den Rinnstein geworfen. Dabei hegte sie die panische Befürchtung, daß ein Polizeiauto vorbeikomme und sie als Mörderin verhaftet werde. Im Augenblick intensiver Wut auf den Analytiker verschwimmen für die Patientin dann später wieder vorübergehend die Grenzen zwischen den Objekten und zwischen Objekt und Selbst: »Der Analytiker wird zu einem negativen Teil dieses Selbst, zur Repräsentanz des gehaßten mütterlichen Introjekts und wird in der Katze ermordet. Die Patientin empfindet dabei Vernichtungsängste und gleichzeitig Schuld wie bei einem realen Mord« (zitiert nach Rohde-Dachser, 1979, S. 51).

Der Mangel an Ich-Gefühl und auch die Sicherung der Selbstgrenzen bedarf oft einer verschmelzenden Beziehung zu einem starken Objekt. Diese Identifizierung wegen der Durchlässigkeit der Selbstgrenzen und der damit verbundene Mangel an Ich-Gefühl bereitet den Borderline-Patienten jedoch ein heikles Problem. Sie hungern auf der einen Seite nach Identifizierung, um ihre innere Leere aufzufüllen und fürchten sie gleichzeitig, weil sich für sie mit der Identifizierung die Gefahr eines völligen Identitätsverlustes verbindet. Die Selbstrepräsentanz ist oft getrennt in ein wahres Selbst und ein falsches Selbst. Die Patienten entwickeln auf der Basis oberflächlicher Identifizierungen nach außen hin eine Fassade angepaßter Verhaltensweisen, hinter der sich das wahre Selbst so vollkommen verbergen kann, daß es keinen Kontakt zur Realität mehr findet.
Als letztes strukturelles Merkmal bei Borderline-Patienten soll die affektive Ausstattung des Ichs erwähnt werden. Es fehlen häufig differenzierte Gefühle, die mit dem Erlebnis von Ambivalenz gegenüber einem Objekt zusammenhängen wie Trauer, Schuld, Besorgnis für den anderen und Bedürfnisse nach Wiedergutmachung. Außerdem besteht die Neigung zur Eruption primitiver Gefühlszustände wie diffuse Angst und archaische Wut.

3.2.5.3. Die Genese des Borderline-Syndroms

Die Genese des Borderline-Syndroms ist nach Mahler auf traumatische Kindheitserfahrungen im 2. und 3. Lebensjahr zurückzuführen, die zu einer massiven Störung der Autonomieentwicklung führen.

Mahler sieht die kritische Entwicklungsphase für die Ausbildung dieser Ich-Pathologie in der Subphase der Wiederannäherung der Loslösungs- und Individuationsphase, also zwischen dem 19. und 36. Monat. In dieser Phase ist die kognitive und emotionale Differenzierung so weit, daß eine erste Form der Identität als getrennte Existenz von der Mutter erreicht ist. Dieser Entwicklungsstand führt zu vermehrtem Auftreten von Trennungsängsten, die auch der narzißtische Überschwang der Entdeckung der Welt nicht mehr kompensieren kann. Die Mutter muß für das sich wieder annähernde Kind in optimaler Weise verfügbar sein, denn ohne diese basale Rückendekkung ist ein fortschreitender Erwerb einer gesicherten Autonomie nicht möglich. In dieser sehr labilen Phase kommt es zum Verlassenheitstrauma. Borderline-Patienten haben als Kind die Erfahrung gemacht, daß ihre zunächst ganz unbefangenen und freudig unternommenen Verselbständigungsschritte zum Verlust der basalen Rückendeckung durch die Mutter führten, die das Kind in diesem Stadium fallen ließ und sich enttäuscht von ihm abwandte. Die Kinder erleben eine Art Verlassenheitsdepression, die sich dann in der Phantasie unlösbar mit dem Autonomiewunsch koppelt und als Strafe für solche Wünsche und Bestrebungen erlebt wird, daß das Kind von nun an alles tun wird, um eine Wiederholung dieser Erfahrung zu vermeiden. Bei einer noch labileren Ich-Struktur könnte durchaus die Gefahr bestehen, daß sich ein kindlicher Autismus entwickeln würde. Hier hat das Ich jedoch schon eine gewisse Stärke erreicht, so daß dies Verlassenheitstrauma mit den entstehenden Enttäuschungsaggressionen überwiegend in Form oben beschriebener Abwehrmechanismen, also der Spaltung und ihrer Hilfsmechanismen bewältigt werden. Diese vorherrschenden Abwehrmechanismen stellen eine Ebene gewisser Stabilität dar in Hinsicht auf eine psychotische Fragmentierung. Für die weitere Ich-Entwicklung hat diese Abwehrstrategie jedoch verheerende Folgen, weil sich reifere Ich-Strukturen wie reifere Abwehrmechanismen etc. nunmehr sehr eingeschränkt herausbilden können.

Die Konzeption des Borderline-Syndroms ist ein gutes Beispiel für den modernen Stand psychoanalytischer Theorie. Eine ganz wesentliche Voraussetzung auch für die Weiterentwicklung der Theorie ist, daß der Therapeut in der therapeutischen Situation unvoreingenommen offen ist, daß er vorurteilsfrei versucht wahrzunehmen, was sich beispielsweise an Übertragungsbeziehung konstelliert, was an Phantasien, an Ängsten, an Wünschen vorliegt und wie sich die Erlebensgeschichte des Patienten rekonstruiert. Die moderne Psychoanalyse ist also keinesfalls eine pansexualistische Triebpsychologie, sondern ist heute eher von der Ich-Psychologie her konzipiert.

Zusammenfassung

Unter Borderline-Syndrom versteht man ein heute gut abgrenzbares Krankheitsbild, welches im Grenzbereich zwischen Neurose und Psychose angesiedelt ist. Die Diagnose des Borderline-Syndroms setzt sich zusammen aus phänomenologischen, strukturellen und ontogenetischen Kriterien. In der Symptomatik ist eine chronische frei flottierende Angst oder auch ein episodischer Verlust der Impulskontrolle sehr typisch. Insgesamt ist die Symptomatik äußerst vielfältig und wechselnd, so daß von einem stabil-instabilen Zustand gesprochen wird.
Die Ich-strukturellen Defekte bestehen in mangelhaft ausgebildeten Ich-Funktionen, wobei das Realitätsgefühl sowie die Beziehung zur Realität häufig gestört ist, bei erhaltener Möglichkeit der Realitätsprüfung. Dies ist ein wichtiges differentialdiagnostisches Kriterium. Ein ganz wesentliches strukturelles Kennzeichen sind spezifische Abwehrstrategien in Form der Spaltung (Splitting) in Verbindung mit Verleugnung und projektiver Identifizierung. Es handelt sich dabei eher um unreife Abwehrmechanismen.
Die Ontogenese liegt nach M. Mahler im wesentlichen in einer Traumatisierung in der Subphase der Wiederannäherung, in der durch Verlassenheitstraumata die Autonomieentwicklung wesentlich eingeschränkt wurde. Insgesamt erreicht dieser Entwicklungsstand jedoch eine gewisse Stabilität gegenüber psychotischen Dekompensationen, obwohl diese bei entsprechender Belastung auch immer wieder aber meist episodenhaft vorkommen können.

3.3. Die Neurosenstruktur

Hinsichtlich der Diagnosenstellung in der Psychotherapie hatten wir ausgeführt, daß trotz der Schwierigkeiten der diagnostischen Klassifikation die internationale Klassifikation der Krankheiten der WHO in der Praxis immer mehr angewandt wird. Nun sind aber die genannten Diagnosen, bis auf das Borderline-Syndrom, welches als Persönlichkeitsstörung abgehandelt wurde, überwiegend sogenannte Symptom-Diagnosen, bei der die Diagnose nach dem führenden Symptom gestellt wird. Psychotherapeuten erfassen jedoch Krankheitsbilder bzw. Symptombildungen im Zusammenhang mit der Persönlichkeitsentwicklung, die nach neurosen-psychologischen Kategorien beschrieben werden. Deshalb sind in der Praxis die Diagnosen häufig mindestens zweigliedrig, beispielsweise »Herzphobie bei depressiv neurotischer Entwicklung«, oder »Herzphobie bei schizoider Neurosenstruktur«, oder »Suicidversuch bei hysterischer Neurosenstruktur«.

Die neurotische Persönlichkeitsstruktur ist als das Gesamt des Erlebnis- und Verhaltensgefüges aufzufassen und wird erfaßt durch die Art des subjektiven Erlebens des Patienten, auch durch seine Erlebnislükken. Sie ist weiter definiert durch die abgewehrten Impulse, durch die Art der eingesetzten Abwehrmechanismen und durch die Entwicklung der Objektbeziehungen. Die neurotische Persönlichkeitsstruktur ist also immer als Hintergrund für die Symptomentstehung mit zu betrachten.

In der Praxis werden wir meistens mit sogenannten Mischstrukturen konfrontiert, d.h. sowohl Anteile der einen als auch der anderen Struktur sind nachweisbar, jedoch können wir uns auch hier meistens zu den führenden Strukturanteilen entscheiden. Die Neurosestruktur entsteht in ihren Grundzügen in der frühen Kindheit und ist das Ergebnis einer komplizierten Wechselbeziehung von biologisch-dispositionellen Faktoren und Umweltbedingungen. Psychodynamisch gesehen ist es das »geronnene« Ergebnis täglicher dynamischer Auseinandersetzungen von Triebimpulsen mit Umweltantworten und deren weitere Verarbeitung (Elhardt, 1971).

Im folgenden sollen die ursprünglichen von Schulz-Hencke beschriebenen vier Hauptneurosestrukturen kurz abgehandelt werden:

3.3.1. Die schizoide Neurosenstruktur

Menschen, bei denen die schizoiden Strukturanteile überwiegen, wirken nach außen hin meist kühl, distanziert, introvertiert, zurückhaltend und eher etwas mißtrauisch. Sie bemühen sich meist, sehr unabhängige und autarke, auf niemand angewiesene Individualisten zu sein. Ihr bewußtes Interesse gilt meist vorwiegend sachlichen,

objektiven und abstrakten Fakten. Dabei sind sie sehr empfindsam und in hohem Maße kränkbar. Nicht selten bekommen schizoide Menschen gewisse sonderlingshafte Züge.
Ganz wesentlich ist ihre Störung in der Beziehung zur Welt und vor allen Dingen zu den Menschen. Die vorherrschenden Angstinhalte bestehen darin, durch eine Objektbeziehung überwältigt zu werden, was sich in einer Angst vor zu großer Nähe ausdrückt. Gleichzeitig ist aber auch die Angst vor Objektverlust sehr stark. Diese Angst vor Objektverlust ist wohl als der wesentliche Motor anzusehen, von möglichst allen Menschen unabhängig zu sein.
Genauso bedrohlich kann eine intime Emotionalität werden, deshalb diese sachliche Kühle und insgesamt das Vorherrschen des Ur-Mißtrauens in den Objektbeziehungen.
Menschen mit überwiegend schizoiden Strukturanteilen entwickeln an neurotischen Symptomen häufig ein Gefühl innerer Leere und Sinnlosigkeit, die bei massiven Kränkungen auch häufig zu Selbstmordtendenzen führen kann. Ferner sind Depersonalisations- und Derealisationserlebnisse und paranoide Zustände sehr häufig.

3.3.2. Die depressive Neurosenstruktur

Die depressive Neurosenstruktur ist keinesfalls identisch mit einem manifesten depressiven Syndrom, welches sich überwiegend in trauriger Verstimmung, reduzierter Antriebslage, herabgesetztem Selbstwertgefühl mit eventuellen Selbstvorwürfen und Selbstanklagen und in den typischen vegetativen Symptomen wie Schlaflosigkeit etc. manifestiert.
Menschen, bei denen depressive Strukturanteile überwiegen, sind meist passiv, zurückhaltend, haben eher Erwartungen oder auch Ansprüche an ihre Umwelt, manchmal passiv-orale Erwartungen im Sinne der »Schlaraffenlandphantasien«. Sie können selbst schwer aktiv zupacken, sich selbst behaupten und eigene Ansprüche konstruktiv aggressiv durchsetzen. Ihr Lebensgrundgefühl ist meist charakterisiert durch mangelndes Selbstvertrauen. Während der Schizoide überwiegend die Distanz und die Unabhängigkeit von Mitmenschen anstrebt, so ist die zwischenmenschliche Beziehung hier überwiegend durch Abhängigkeit und meist auch durch Enttäuschung geprägt. Depressive suchen oft in anklammernder Weise Nähe, Intimität und Geborgenheit.

Die vorherrschenden Ängste sind deshalb Trennungsängste bzw. Ängste vor Objektverlust, auch Versagensängste.
Der Patient erlebt also wenig eigene Wünsche und Pläne. Im Vordergrund seines Erlebens steht die Anpassung an Forderungen seiner Umwelt, woraus Züge passiver Anpassung, Gefügigkeit und partieller Selbstaufgabe entstehen können. Bei der Dekompensation erleben diese Patienten traurige Verstimmung. Ihre depressiven Ängste vor eigenem Versagen bzw. Verlassenwerden überwiegen. Depressiv strukturierte Menschen neigen auch dazu, psychosomatische Störungen am oberen Verdauungstrakt zu entwickeln.

3.3.3. Die zwanghafte Neurosenstruktur

Zwanghaft strukturierte Menschen sind häufig pedantisch, rechthaberisch und spitzfindig. Von ihnen geht eine Atmosphäre von Verhaltenheit, Einengung, Kontrolle und Gesetz aus. Ihr Erleben ist auf Planung, Überblick und Kontrolliertheit festgelegt und Prinzipien wie Ordentlichkeit, Sparsamkeit und Genauigkeit sind ihm wichtig. Sie können wenig spontan sein, tun sich oft schwer mit irgendwelchen Handlungen bzw. Entscheidungen, weil vieles in Zweifel gezogen wird und von Skrupeln begleitet wird.
Die entscheidende Angst besteht darin, von ihnen könnte etwas Unkontrolliertes ausgehen, eine Emotionalität könnte spontan sein oder irgend etwas in ihrer Umwelt könnte sich ändern, was für sie im Moment nicht übersehbar bzw. kontrollierbar ist. Dies hängt meist mit fehlverarbeiteter Aggression zusammen. An die Stelle einer konstruktiven Aggression tritt häufig trotzig-sture Rechthaberei und Bestehen auf formalen Gesetzlichkeiten. Die Störung der Aggression manifestiert sich auch dahingehend, daß sie sich auf Handlungen kaum verlassen können und deshalb dazu neigen, die Handlungen in Zweifel zu ziehen oder sie zu kontrollieren (Quint, 1971). Zwischenmenschliche Beziehungen haben häufig den Charakter eines »analen« Besitzes. Die Partnerbeziehung wird häufig reglementiert und die Angst vor Liebes- bzw. Objektverlust bezieht sich eher darauf, den »analen« Besitz zu verlieren. Bei der Dekompensation treten häufig manifeste zwanghafte Verhaltensweisen, wie Zwangsgedanken, Zwangsvorstellungen und Zwangshandlungen zutage (siehe Kapitel über die Zwangsneurose).

3.3.4. Die hysterische Neurosenstruktur

Menschen, bei denen hysterische Strukturanteile überwiegen, fallen auf durch eine planlose Aktivität, durch propulsives Verhalten (»Flucht nach vorn«) und eine labile Steuerung. Das Verhalten ist häufig theatralisch übersteigert und wirkt dabei unecht. Dahinter steckt eine starke Unsicherheit des Selbstgefühls, welches diese Menschen veranlaßt, wechselnde Rollen anzunehmen. In ihren zwischenmenschlichen Beziehungen sind sie bemüht, durch Farbigkeit und Lebendigkeit Aufmerksamkeit und Geltung zu erlangen. Letzten Endes sind sie jedoch zu einer tieferen, echten, langandauernden gefühlsmäßigen Bindung nicht fähig. Das sexuelle Leben und Erleben ist durch Extreme gekennzeichnet, sie wirken sexuell eher provokativ oder verführerisch, bei gleichzeitiger Frigidität bzw. Impotenz.

Hervorzuheben ist die starke Tendenz zum symbolischen Ausdruck psychischer Inhalte, die Patienten haben eine sehr starke Tendenz zur »Ein-Bildung«.

Die zentralen Angstinhalte bestehen darin, sich festzulegen. Nach dem Motto: »Geht es so nicht, geht es anders«, versuchen sie alles, erreichen dabei meist nichts, können sich nicht entscheiden, weil sie nicht verzichten können. Sie sind schnell begeistert, allerdings ist die Begeisterung ebenso schnell wieder verschwunden. Dieses ziemlich hohe Maß an Angst, die bei der hysterischen Struktur ständig bewältigt werden muß, hat seine Wurzeln in einer mißlungenen Entwicklung auf der phallisch-ödipalen Stufe und ist der Motor für das propulsive Verhalten der Patienten und auch der Motor für die blitzartig funktionierenden Abwehrmechanismen der Verleugnung und der Verdrängung. Wegen Vorherrschens der Verleugnung können sie oft die Realität sehr schlecht einschätzen.

Bei Dekompensation der hysterischen Neurosestruktur kommt es sehr leicht zur Ausbildung einer massiven angstneurotischen Symptomatik einschließlich Phobie, ferner zu Konversionssymptomen verschiedenster Art sowie zu Sexualstörungen. Insgesamt kann die Hysterie alle Symptome nachahmen, sie ist der »Clown unter den Neurosen« (Elhardt, 1971).

Kontrollfragen

3.1. Zu welcher Übertragungsbeziehung neigen Patienten, die an einer Herzneurose leiden?
3.2. Erklären Sie Unterschiede zwischen Phobie und Angstneurose!
3.3. Nennen Sie grobe differentialdiagnostische Kriterien zur Unterscheidung von Herzneurose und Angina pectoris.
3.4. Warum sind beim Herzneurotiker Coronartherapeutica kontraindiziert?
3.5. Warum sollte man dem Herzneurotiker auf Dauer keine Tranquilizer verordnen?
3.6. Welche innerseelischen Konflikte liegen der Herzneurose zugrunde?
3.7. Führen herzneurotische Beschwerden überdurchschnittlich häufiger zu Herzinfarkt oder Kreislauferkrankung?
3.8. Charakterisieren Sie das hypochondrische Symptom.
3.9. Welche klinischen Manifestationen der hysterischen Neurose kennen Sie?
3.10. Was sind Konversionssymptome?
3.11. Welche zwangsneurotischen Symptome kennen Sie?
3.12. Kommen Zwangssymptome ausschließlich bei der Zwangsneurose vor?
3.13. Welche Abwehrmechanismen spielen bei der Zwangsneurose eine wichtige Rolle?
3.14. Durch welche Symptome ist das depressive Syndrom gekennzeichnet?
3.15. Worin unterscheidet sich phänomenologisch Trauer von Depression?
3.16. In welcher Weise liegt bei der neurotischen Depression eine fehlverarbeitete Aggression vor?
3.17. Welche auslösenden Erlebnisse lassen sich meist bei einer neurotischen Depression nachweisen?
3.18. Woraus setzt sich die Borderline-Diagnose zusammen?
3.19. Nennen Sie einige typische Borderline-Symptome.
3.20. Welche differentialdiagnostischen Kriterien des Borderline-Syndroms zur Psychose kennen Sie?
3.21. Welcher Abwehrmechanismus ist beim Borderline Symptom ganz typisch?
3.22. Welche Hauptneurosestrukturen kennen Sie?

4. Psychotherapieverfahren

Wie in der Einleitung angedeutet, gibt es eine fast verwirrende Fülle von Psychotherapieverfahren. Auch entstehen immer wieder neue Verfahren, werden sogar in Illustrierten propagiert, aber sehr häufig verschwinden sie dann auch wieder in der Versenkung, d. h. sie haben wissenschaftlichen Kriterien nicht standhalten können.
Ein weiteres Problem ergibt sich aus der Fülle der Therapieverfahren: Vor allen Dingen der Unerfahrene könnte zu der Ansicht kommen, es handele sich dabei um irgendwelche Techniken, die man nur anwenden müsse und man könne Therapie »machen«. Bei den meisten Psychotherapieverfahren ist jedoch die zwischenmenschliche Beziehung, d.h. die Beziehung zwischen Therapeut und Patient und das Wirksamwerden positiver menschlicher Eigenschaften, wie Zuwendung, Verläßlichkeit u.a. von enormer Bedeutung. Dies läßt sich nun kaum durch eine Technik bewirken, sondern eher durch eine Haltung.
Aus der Fülle der Therapieverfahren sollen mit einem gewissen Schwerpunkt die *psychoanalytische Therapie* sowie die *psychoanalytisch orientierten Verfahren* besprochen werden. Dies ergibt sich im übrigen aus der psychoanalytischen Theorie, der zur Zeit umfassendsten Theorie menschlichen Verhaltens und entspricht auch dem Lernzielkatalog für Studenten in diesem Fachgebiet. Dazu wird die von Rogers begründete *Gesprächspsychotherapie,* die sich vor allen Dingen um die Anwendung der eben angedeuteten positiven menschlichen Grundhaltungen bemüht, kurz abgehandelt. Neben der *Hypnose* wird als Beispiel eines Entspannungsverfahrens das *Autogene Training* dargestellt, weil es in der Praxis eine enorme Verbreitung gefunden hat. Außerdem werden die Grundzüge der *Verhaltenstherapie* besprochen, schließlich folgt ein kurzes Kapitel über die *stationäre Psychotherapie.*

4.1. Die psychoanalytische Therapie

Die theoretische Darstellung der psychoanalytischen Therapie ist deshalb so schwierig, weil der therapeutische Prozeß im Wesen kein überwiegend kognitiver Vorgang ist, sondern überwiegend auf anderen, eher emotionalen Ebenen abläuft. Der psychoanalytische Prozeß ist daher eher erfahrbar als erlernbar, auch wenn eine Fülle von technischen Anweisungen gegeben werden kann.
Das Ziel der psychoanalytischen Therapie besteht darin, Unbewußtes dem Bewußtsein zugänglich zu machen, neurotische Verstrickungen, die bis in die frühe Kindheit zurückreichen, zu lösen, so daß der Patient insgesamt auf der Entwicklung zu seiner Eigenständigkeit und Selbständigkeit vorankommt. Neben der Lösung unbewußter Konflikte geht es natürlich auch um eine Entfaltung von Ich-Funktionen, z. B. der realitätsgerechten Wahrnehmung. Die Therapie ist nicht so sehr auf das Symptom ausgerichtet, sondern in der klassischen Anordnung mehr auf eine Änderung von strukturellen Gegebenheiten, womit natürlich dem Symptom dann auch der Boden entzogen ist. Der psychoanalytische Prozeß ist als eine Art unerbittliche Wahrheitssuche zu beschreiben, was die eigene innere Realität angeht. Dieser Prozeß ist nicht nur langwierig, sondern auch oft schwierig und schmerzlich, da man im Laufe der Therapie mit allerlei eigenen Unzulänglichkeiten und Unverträglichkeiten konfrontiert wird.

4.1.1. Das psychoanalytische Setting

Die formale Grundlage der klassischen analytischen Behandlung ist das sogenannte psychoanalytische Setting. Es umfaßt folgende Punkte:

a) Feste, regelmäßige Zusammenkünfte von einer bestimmten Zeitdauer (meist 50 Minuten) werden in einer Frequenz von 3 bis 5 Wochenstunden vereinbart.
b) Der Patient liegt auf der Couch und der Therapeut sitzt dahinter, so daß der Patient den Therapeuten nicht sehen kann.
c) Der Patient wird aufgefordert, alles was ihm in den Sinn kommt an Gedanken, Gefühlen, Vorstellungen, Phantasien zu äußern, ohne dieses Material zu filtern oder zu zensieren nach Gesichtspunkten wie Wichtigkeit, Zusammenhang, Sinn usw. (freies Assoziieren), außerdem wird der Patient aufgefordert, sich seine Träume zu merken und zu berichten (psychoanalytische Grundregel).

d) Die sogenannte Abstinenzregel des Therapeuten, d. h. ein Verhalten des Therapeuten, in dem er selbst wohlwollend neutral bleibt, keine Wertungen vornimmt, sich selbst möglichst nicht einbringt und auch keine neurotischen Bedürfnisse des Patienten erfüllt.

Es ist nun zunächst zu fragen, was für einen Sinn dieses psychoanalytische Setting haben soll.

Am ehesten versteht man vielleicht die Grundregel des freien Assoziierens und das Schildern von Traummaterial, weil wir einen Zugang zum Unbewußten haben möchten, der uns auf diesem indirekten Weg möglich ist. Dabei macht man immer wieder die Erfahrung, daß die freien Assoziationen, auch wenn sie im Moment noch so abwegig und sinnlos erscheinen, durchaus ihre Zusammenhänge mit dem entsprechenden pathogenen Konfliktmaterial haben. Als Voraussetzung für das freie Assoziieren ist die Couchlage gedacht, der Patient soll sich entspannen können, soll sich wohlfühlen und in seine Gedanken, Ängste, Vorstellungen, Wünsche etc. eintauchen können.

Welchen Sinn hat nun im Setting die Tatsache, daß der Analytiker hinter dem Patienten sitzt und die sogenannte Abstinenzregel befolgt? Der Patient schildert erfahrungsgemäß ein sehr breites Spektrum. Er spricht z. B. von seinen alltäglichen Schwierigkeiten und er berichtet über seine Vergangenheit in Form von Erinnerungen, die oft bis in die frühe Kindheit reichen. Der Analytiker interveniert dabei, z. B. er konfrontiert den Patienten mit Unstimmigkeiten, mit Widersprüchen, er hilft mit zu rekonstruieren, er versucht zu klären, und deutet auch gewisse tiefere Zusammenhänge, dies jedoch zu einem angemessenen Zeitpunkt.

Dabei kommt es ganz regelmäßig zu dem Phänomen, daß der Assoziationsfluß ins Stocken gerät, daß unangenehme, peinliche Gefühle entwickelt werden. Etwas stellt sich dem Zugang zum Unbewußten entgegen. Dieses Phänomen nennt man Widerstand. Der Widerstand, diese scheinbare Störung des psychoanalytischen Prozesses, erweist sich aber bei näherem Hinsehen geradezu als ein Indikator dafür, wo konflikthaftes Material liegt, wo z. B. Triebimpulse und Ängste übermäßig abgewehrt sind.

Es ergibt sich ziemlich regelmäßig während der psychoanalytischen Behandlung eine weitere scheinbare Störung, die darin besteht, daß der Patient plötzlich Gefühle und Empfindungen entwickelt, die offensichtlich der realen Situation und der realen Person des Therapeuten unangemessen sind. Dabei kann es sich um positive, aber auch um negative Gefühle handeln. Dies ist das Phänomen der Übertragung. Es handelt sich bei der Übertragung um ein der realen Situation

unangemessenes (verzerrtes) Erleben gegenüber Personen der aktuellen Gegenwart. Der Patient erlebt die aktuelle Realität verzerrt durch die Brille seiner früheren Interaktionsmuster. Er überträgt Gefühle, z. B. Wünsche, aber auch Ängste, die einer früheren Bezugsperson galten, auf die Person der aktuellen Gegenwart.
Vielleicht läßt sich auf diesem Hintergrund jetzt auch die sogenannte Abstinenzregel verstehen, die eigentlich weniger dem Schutz des Therapeuten dienen sollte, sondern eher dem Patienten die Möglichkeit geben soll, angstfrei seine Übertragungsbeziehung zu entfalten. Wenn der Patient weiß bzw. erleben kann, daß der Analytiker sich zurückhält, daß er nicht wertet, nicht straft, dann erst hat er die Möglichkeit, z. B. auch negative Gefühle ihm gegenüber zu entwikkeln und zu äußern. Die Übertragungsbeziehung, die auf den ersten Blick störend wirkt, ist dabei höchst erwünscht und ein Kernstück der psychoanalytischen Therapie. In dieser Übertragungsbeziehung werden die neurotischen Konflikte neu erlebbar bzw. erfahrbar. Dieses Setting einschließlich der Abstinenzregel des Analytikers ist also besonders auf die Entfaltung der Übertragungsbeziehung ausgerichtet, denn je stärker die reale Beziehung des Patienten zum Analytiker ist, desto weniger kann sich diese Beziehung entfalten.

4.1.2. Der psychoanalytische Prozeß

Das wesentliche Agens der psychoanalytischen Behandlung ist die spezielle menschliche Beziehung zwischen Analytiker und Analysand. Dies scheint ein unspezifisches aber insgesamt doch das bedeutendste therapeutische Vehikel zu sein. Diese Beziehung spielt sich wiederum auf verschiedenen Ebenen ab. Zunächst einmal muß eine vertrauensvolle Grundlage (im Sinne des Urvertrauens von Erikson) vorhanden sein.
Eine weitere wichtige Beziehung ist das sogenannte Arbeitsbündnis oder therapeutische Bündnis. Dabei verbünden sich die gesunden Anteile des Ichs mit dem analytischen Ich des Analytikers, um gemeinsam die therapeutische Arbeit weiterzuführen, und um auch Durststrecken und Krisen gemeinsam zu bewältigen und zu bearbeiten. Dieses Arbeitsbündnis oder therapeutische Bündnis wird auch als therapeutische Ich-Spaltung beschrieben, wobei das Ich des Patienten sich in ein wahrnehmendes, beobachtendes, einsehendes Ich spaltet und in Anteile, die eben beobachtet, wahrgenommen, bearbeitet werden etc.

Eine ganz wesentliche Beziehungsebene ist, wie oben schon beim Setting angedeutet, die Ebene der Übertragungsbeziehung. Der Patient erlebt die aktuelle Realität verzerrt durch die Brille seiner früheren Interaktionsmuster. Er überträgt Gefühle, z. B. Wünsche, aber auch Ängste, die einer früheren Bezugsperson galten, auf die Person der aktuellen Gegenwart.

Klinisches Beispiel 15

Ein junger Patient kommt zu spät in die Analysestunde und entwickelt Angst- und Schuldgefühle.

Die reale Situation ist die, daß der Analytiker keinesfalls ärgerlich ist, er zeigt überhaupt keine Ansätze, ihn in irgendeiner Form zu strafen. Das Ende der Analysestunde liegt zeitlich fest und er hat eben in dieser Zeit noch andere Arbeiten erledigen können.

Der erlebnismäßige Hintergrund für den Patienten ist der, daß er einen sehr strengen Vater hatte, der besonders auf Pünktlichkeit achtete und ihn immer wieder strafte, wenn er unpünktlich war.

An diesem Beispiel wird wohl auch deutlich, daß hier weniger etwa die verbale Deutung: »Das liegt eben an der früheren Beziehung zu Ihrem Vater . . .« wirksam ist, sondern der Patient muß einfach neu erleben, daß er nicht gestraft wird und die Situation einer zwischenmenschlichen Beziehung emotional neu erfährt.

Klinisches Beispiel 16

Eine andere Patientin erlebte das freie Assoziieren als sehr belastende Pflicht, sie hatte immer das Gefühl, was ich sage ist nicht gut, nicht wichtig genug, das was ich jetzt sagen will ist unwichtig, ich müßte auch öfter träumen etc.

Auch hier liegt eine entsprechende Vaterübertragung vor, der Vater knüpfte seine Zuwendung sehr stark an die Bedingung der Leistung und der Pflichterfüllung.

Der psychoanalytische Prozeß läßt sich mindestens auf drei Ebenen beschreiben:

a) auf der Ebene der zwischenmenschlichen Beziehung, wobei durch die Übertragungsbeziehung die Verzerrungen erlebbar und erfahrbar werden und nach Aufarbeitung realitätsgerechter Objektbeziehungen gegenüber den früheren oder auch den aktuellen Objekten möglich ist. Es ist also hier eine Veränderung der Einengung auf bestimmte Muster des Erlebens und Verhaltens aufgrund pathogener früherer Objektbeziehungen zu beschreiben.

b) Auf einer emotionalen Ebene im Sinne der korrigierenden emotionalen Neuerfahrung, eventuell der Katharsis, der Wiedererinnerung gefühlsmäßiger Traumata, der Abreaktion von aufgestauten Gefühlen und dem Abbau von gefühlsmäßigen Einengungen der Persönlichkeit.

c) Außerdem spielt die kognitive Ebene, die zur Einsicht führt, die zur Aufhebung von Verdrängungen führt, die ganz allgemein das Bewußtwerden von unbewußten Prozessen betrifft, als Ebene des psychoanalytischen Prozesses eine wesentliche Rolle.

Tab. 5: **Ebenen des psychoanalytischen Prozesses**

1. **Kognitive Ebene** ➞ Einsicht.
   Aufhebung von Verdrängungen.
   Bewußtmachung von Unbewußtem.

2. **Emotionale Ebene** ➞ evtl. Katharsis, korrigierende emotionale Neuerfahrung.
   Wiedererinnern gefühlsmäßiger Traumata, Abreaktion von aufgestauten Gefühlen.
   Abbau von gefühlsmäßigen Einengungen der Persönlichkeit.

3. **Ebene der zwischenmenschlichen Beziehung** ➞ realitätsgerechte Objektbeziehungen gegenüber den früheren, aber auch den aktuellen Objekten.
   Veränderung der Einengung auf bestimmte Muster des Erlebens und Verhaltens aufgrund pathogener früherer Objektbeziehungen.

4.2. Psychoanalytisch orientierte Therapieverfahren

Die oben beschriebene klassische psychoanalytische Behandlung ist ein sehr wirksames Therapieverfahren und kann bei neurotischen Störungen zu einer dauerhaften Heilung führen.
Die Durchführung dieser psychoanalytischen Therapie ist jedoch an eine ganze Reihe von Voraussetzungen geknüpft. Der Patient bedarf schon einer erheblichen Motivation, diese Therapie durchzuhalten. Auch muß er über erhebliche gesunde Ich-Anteile verfügen, die ihn introspektionsfähig machen und ihn in die Lage versetzen, ein konstruktives Arbeitsbündnis aufzubauen und durchzuhalten. Auch dau-

ern solche Behandlungen mehrere Jahre, d. h. es sind oft 300 bis 600 Stunden erforderlich.
Hier ergibt sich ein zusätzliches Problem, nämlich das Mißverhältnis zwischen der Anzahl der voll ausgebildeten Psychoanalytiker, die eine solche Behandlung durchführen können auf der einen Seite und die große Zahl der Patienten, die an neurotischen Störungen leiden auf der anderen Seite. Außerdem gibt es eine Reihe von neurotischen Störungen, insbesondere die strukturellen Ich-Störungen, bei denen die durch das klassische psychoanalytische Setting, insbesondere die Couchlage bedingte Regression durchaus gefährlich sein kann in der Weise, daß psychotische Dekompensationen vorkommen können.
Aus diesen Gründen sind eine Reihe von psychoanalytisch orientierten Verfahren entwickelt worden, die zwar die Phänomene in der gleichen Weise theoretisch konzeptualisieren, die sich aber vor allen Dingen hinsichtlich des Settings von der klassischen psychoanalytischen Therapie unterscheiden.
Als erste wäre hier die ursprünglich von Malan und Mitarbeitern (1965) entwickelte *psychoanalytische Kurz-Psychotherapie oder »Fokal-Therapie«* zu nennen. Die Kurz-Psychotherapie wurde wohl ursprünglich entwickelt, um den Aufwand an Zeit und Geld einer klassischen psychoanalytischen Behandlung etwas zu reduzieren. Die wesentlichen Modifikationen des Settings bestehen darin, daß der Patient nicht auf der Couch liegt mit dem dahinter sitzenden Therapeuten, sondern daß der Patient ihm gegenüber sitzt, damit eine tiefere Regression vermieden wird. Außerdem ist die Stundenfrequenz auf etwa einmal wöchentlich beschränkt und die Stundenzahl ist insgesamt von vornherein auf 10 bis 30 Stunden limitiert.
Inhaltlich gesehen kommt es bei dieser Therapie darauf an, daß möglichst in den ersten Stunden der zentrale Konflikt (Fokus) herausgearbeitet wird, und daß an diesem Fokus während der weiteren Behandlung gearbeitet wird. Die Interventionen von seiten des Analytikers beziehen sich weniger auf die Übertragung und den Widerstand, sondern sind um diesen Fokus zentriert.
Balint hat für diese Art der psychoanalytisch orientierten Therapie ein Bild gebraucht: »Flußabwärts treibende Holzstämme werden durch einen sich querlegenden Stamm blockiert. Sobald es gelingt, den einen Stamm wieder in Bewegung zu bringen, löst sich das Hindernis für alle angestauten Stämme und das Holz kann weiter flußabwärts treiben« (zit. nach Klüwer, 1977, S. 1136).
Im allgemeinen ist die Voraussetzung für die Kurz-Psychotherapie jedoch die, daß keine wesentliche strukturelle Ich-Störung vorliegt,

daß also gesunde Ich-Anteile vorhanden sind, und daß sich eben ein solcher zentraler Konflikt herausarbeiten läßt.

Bei den strukturellen Ich-Störungen, z. B. für das Borderline-Syndrom, ist besonders eine weitergehende Regression meist nicht zuträglich. Die tiefe Regression bei diesen Patienten kann maligne werden mit der Gefahr archaischer Trieb- und Gefühlsdurchbrüche und der Gefahr eines Abgleitens in die Psychose. Das Setting muß hier vor allen Dingen dahingehend modifiziert sein, daß der Patient wiederum dem Therapeuten gegenüber sitzt und nicht auf der Couch liegt. Was die Stundenfrequenz angeht, so sollte man mit diesen Patienten durchaus an zwei Stunden in der Woche arbeiten, die Behandlungsdauer kann man nicht wie bei der Kurz-Psychotherapie von vornherein begrenzen.

Die Modifikation des Settings hat vor allen Dingen den Sinn, daß der Therapeut als reale Person erlebbar wird und nicht als passive Projektionsfigur. Auch die Deutungen müssen überwiegend realitätsbezogen sein und sollten sich weniger auf seine frühkindliche Situation beziehen. Der Analytiker muß gestörte oder defekte Ich-Funktionen gewissermaßen ein Stück weit substituieren. Er muß beispielsweise primärprozeßhaft anmutendes Material durch entsprechende Interventionen mit der aktuellen Lebenssituation des Patienten koppeln. Er muß dem Patienten helfen, eine chaotisch anmutende innere Situation zu strukturieren und schließlich und endlich muß am Aufbau einer integrierten und nicht gespaltenen Objektbeziehung beim Borderline-Syndrom gearbeitet werden.

Als weiteres psychoanalytisch orientiertes Verfahren ist die von Bellak und Small 1972 beschriebene *Notfall-Psychotherapie zur Krisenintervention* zu nennen. Dabei handelt es sich meist um Patienten mit einer schweren und akuten Angstsymptomatik wie beispielsweise bei der Herzneurose oder der Angstneurose, ferner um Patienten, die in eine akute neurotische Depression unter Umständen mit Suicidideen hineingerutscht sind. Bei einer solchen Notfall-Psychotherapie, bei der viele Ich-Funktionen zu desintegrieren drohen, kann natürlich die psychoanalytische Abstinenzregel nicht weitestgehend angewandt werden. Der Arzt muß dem Patienten das Gefühl von Schutz und Anlehnungsmöglichkeit bieten, ihm also gestatten, auch kurzzeitig eine symbiotische Beziehung zu ihm einzugehen. Dafür muß der Arzt einfach verfügbar bzw. telefonisch erreichbar sein. In vielen solcher Fälle wird man, um die stützende und schützende Haltung des Arztes noch zu verstärken, auch eine kombinierte medikamentöse und psychotherapeutische Behandlung einsetzen. Durch diese schützende und stützende Haltung, die auch mit einer bedingungslosen Annahme des Patienten durch den Therapeuten einhergehen muß, erfolgt eine narzißtische Zufuhr und eine Ich-Stärkung. Auch sollte der Arzt dem Patienten ausgiebig Möglichkeit zur Katharsis von Affekten geben. Er sollte den erregten, verzweifelten oder weinenden Patienten ermutigen, sich ruhig auszuweinen und im Rahmen des Möglichen sich abreagieren zu lassen. Verständnisvolles und teilnehmendes Zuhören hilft dem Patienten in solchen Situationen meist mehr als vorzeitige verbale Tröstungen.

Gerade bei depressiven Patienten sollten neue Termine in kurzen Zeitabständen angeboten werden und auch die Gestaltung der Zeit bis zum nächsten Termin sollte vorab durchgesprochen und gemeinsam geplant werden. Die Suizidideen sollten verständnisvoll durchgesprochen werden und das erste gute Zeichen, daß die Suizidgefahr vielleicht gebannt ist besteht darin, daß der Patient wieder aggressiv gegen andere sein kann. Manchmal läßt sich allerdings bei solchen Notfall-Patienten eine stationäre Aufnahme nicht vermeiden.

Zusammenfassung

Die psychoanalytische Therapie ist ein zwar langwieriges, aber unter bestimmten Voraussetzungen ein höchst wirksames Therapieverfahren. Sie zielt nicht unmittelbar auf eine Symptombeseitigung ab, sondern strebt strukturelle Veränderungen der Persönlichkeit an, womit dem Symptom gleichzeitig der Boden entzogen ist. Die psychoanalytische Therapie spielt sich innerhalb eines bestimmten Settings ab, bei dem vor allen Dingen die Grundregel des freien Assoziierens des Patienten wesentlich ist. Der Analytiker soll als reale Person möglichst wenig erlebbar sein und er soll sich auch besonders, was die Befriedigung neurotischer Bedürfnisse des Patienten angeht, ziemlich zurückhalten (Abstinenzregel). Dies dient einer optimalen Entfaltung der Übertragungsbeziehung, die in Verbindung mit der Bearbeitung des Widerstandes wesentliche Elemente der psychoanalytischen Therapie beinhalten. Die Interventionen des Analytikers beschränken sich auf das »Material«, welches der Patient liefert, wobei die Deutung unbewußter Zusammenhänge eine wesentliche Rolle spielt.

Psychoanalytisch orientierte Verfahren, wie die Kurz-Psychotherapie, die Fokal-Therapie und die Notfall-Therapie bzw. Krisenintervention, unterscheiden sich vor allen Dingen in der Art des Settings und auch im Inhalt der Interventionen. Dabei wird angestrebt, die Behandlungsdauer zu verkürzen, indem man sich z. B. auf die Bearbeitung des zentralen Konfliktes beschränkt oder aber das Setting ist so verändert, daß der Analytiker mehr als reale Person erlebbar wird und auch stützende und schützende Funktionen ausübt.

4.3. Die Gesprächspsychotherapie

Die Gesprächspsychotherapie wurde als klientzentrierte Psychotherapie von Rogers in den 40er Jahren in den USA entwickelt und in Deutschland von Tausch (1973) als Gesprächspsychotherapie weiter entwickelt. Die Gesprächspsychotherapie findet heute bei psychotherapeutisch tätigen Ärzten und Psychologen zunehmende Verbreitung. Im Unterschied zur Psychoanalyse und zur Verhaltenstherapie hat sie keine eigene Persönlichkeitstheorie bzw. Neurosenlehre entwickelt, sondern hat ihren Blick und auch ihre Forschungsschwerpunkte überwiegend auf die therapeutische Situation gerichtet.
Rogers ging davon aus, daß jedes Individuum über Selbstheilungskräfte verfüge und die Aufgabe des Therapeuten sei, eine vertrauensvolle, weitgehend angstfreie Situation zu schaffen, um die Selbstheilungskräfte des Klienten zu befreien, damit er eine fortschreitende Einsicht in seine Situation und in sein Selbst bekommen kann. Die Gesprächspsychotherapie hat sich dabei unter ständiger experimenteller und empirischer Kontrolle entwickelt, im Unterschied zur Psychoanalyse, die sich in den Anfängen überwiegend in »der Verschwiegenheit der privaten Kabinette beheimatet fühlte« (Hoffmann und Hochapfel, 1979, S. 192).
Bei der Gesprächspsychotherapie sitzen sich Klient und Therapeut gegenüber. Die Sitzungen dauern etwa 20 bis 30 Minuten und werden in der Regel in der Woche einmal durchgeführt. Eine besondere Indikation von seiten der Diagnose wird nicht gestellt. Das Hauptaugenmerk wird auf das Geschehen in der aktuellen Situation, also im hier und jetzt gelenkt, wobei sich folgende Therapeutenvariablen als wesentlich und als wirksam herausgestellt haben.

a) *Echtheit* oder *Selbstkongruenz* und *reales Zugegensein.*
   In Unterschied zur Psychoanalyse, die in der therapeutischen Situation auf die Entfaltung der Übertragungsbeziehung den größ-

ten Wert legt, kommt es hier auf die reale Beziehung dieser beiden Partner an. Auch die psychoanalytische Abstinenzregel findet hier keine Anwendung, sondern der Therapeut macht dem Klienten auch von seinem Erleben der therapeutischen Situation Mitteilung.

b) *Emotionale Zuwendung* und bedingungsfreies Akzeptieren der Person.
   Es liegt also hier nicht eine abstinente oder distanzierte Neutralität vor, sondern ein emotionales Engagement.
c) Präzises, einfühlendes Verstehen, *Empathie.*
   Der Therapeut bemüht sich, die Gefühle des Klienten und deren persönliche Bedeutung in der therapeutischen Situation zu erfassen. Was er auf solche Weise einfühlend versteht, teilt er dem Klienten mit, was Tausch als *»Verbalisieren emotionaler Erlebnisgehalte«* bezeichnet.
   Die experimentelle Forschung hat ergeben, daß das Ausmaß des konstruktiven Persönlichkeitswandels des Patienten sehr stark abhängig ist von diesen therapeutischen Grundhaltungen wie Echtheit, emotionale Zuwendung und Empathie. In der Therapie kommt es zu einer Annäherung zwischen dem als real erlebten Bild der eigenen Person, dem Selbstkonzept, und dem Selbst-Ideal, welches einen wichtigen Maßstab des Therapieerfolges darstellt. Im Laufe der Therapie gelangt der Klient weiterhin zu einer größeren Selbstannahme, gleichzeitig kann er auch andere Personen in ihrer Art besser akzeptieren. Der Klient gelangt weiterhin zu emotional reiferem und besser sozialisiertem Verhalten und er kann sich in höherem Maße auf Selbstbewertungen stützen, die seinem eigenen Erleben entspringen und nicht den Bewertungen und Erwartungen anderer Personen.

Die Wichtigkeit dieser emotionalen Variablen belegt wieder einmal, daß Psychotherapie eben keine abstrakte Technik ist, die man aus Lehrbüchern lernen kann, sondern man muß sie erfahren. Für diese Erfahrung ist eine detaillierte Kontrolle eigener Therapien durch erfahrene Kollegen erforderlich.

Die Gesprächspsychotherapie hat sich vor allem um die wissenschaftlich fundierte Herausarbeitung der Wirksamkeit von Grundeinstellungen des Therapeuten verdient gemacht.

Zusammenfassung

Die Gesprächspsychotherapie geht davon aus, daß jeder Mensch über ausreichende Selbstheilungskräfte verfügt, und es müßte eine vertrauensvolle, weitgehend angstfreie Situation geschaffen werden, um die Selbstheilungskräfte des Klienten zu befreien. Dabei versucht der Therapeut, den Klienten Einfühlung, emotionale Zuwendung und Verständnis entgegenzubringen. Die Therapie verläuft non-direktiv, d. h. Gesprächsthemen werden vom Therapeuten nicht vorgegeben. Die Beziehung zum Therapeuten besteht im Unterschied zur Psychoanalyse darin, daß das reale Zugegensein des Therapeuten gefordert wird, wobei auch der Therapeut dem Klienten von seinem Erleben der therapeutischen Situation Mitteilung macht. Der Therapeut versucht, die im hier und jetzt der Therapiesituation aufkommenden Erlebnisgehalte zu verbalisieren. Die Forschung der Gesprächspsychotherapie hat ergeben, daß die Therapeuten-Variablen Echtheit, Zuwendung und Empathie von grundlegender Bedeutung für den therapeutischen Prozeß sind.

4.4. Die Hypnose

Hypnose gehört sicher zu den ältesten Psychotherapieverfahren und war im Altertum schon bei den Ägyptern und Griechen, aber auch im europäischen Mittelalter verbreitet. Das Wort leitet sich von griechisch hypnos = Schlaf her. Allerdings muß gleich gesagt werden, daß die heutige Anwendung der Hypnose in der Praxis weder klinisch noch hirnphysiologisch etwas mit Schlaf zu tun hat. Der Praktiker, der die Hypnose anwendet, vermeidet dem Patienten gegenüber meistens dieses ominöse Wort, er spricht eher von »Ruheübung«.
Eine entscheidende Voraussetzung für die Durchführung einer Hypnose ist ein vertrauensvolles Patient-Arzt-Verhältnis. Der Therapeut erzählt dem Patienten in ruhiger, aufklärender Weise, daß man jetzt eine vertiefte Ruheübung machen wolle und bittet ihn, sich auf die Couch zu legen. Der Patient soll entspannt liegen und sich wohlfühlen. Die Einleitung der Hypnose beginnt dann mit der sogenannten Fixierübung. Dabei fordert man den Patienten auf, einen kleinen Gegenstand, z. B. die Zeigefingerkuppe des Arztes, der in etwa 20 cm

Abstand etwas über der Horizontalebene des Auges gehalten wird, zu fixieren. Die Augen sollen dabei in leichter Konvergenzstellung sein. Begleitet wird diese Fixation durch monotone Verbalsuggestionen der Ruhe, des Wohlgefühls, der Geborgenheit, der Schwere, der zunehmenden Entspannung und Müdigkeit. Nach kurzer Zeit bemerkt man eine Ermüdung der konvergierenden Augenmuskeln. Der Zeigefinger wird für den Patienten jetzt undeutlich und verschwommen. Die Einbeziehung dieses Phänomens in die Verbalsuggestion überzeugt die Patienten von der Suggestibilität und diese wird dadurch gesteigert (Langen, 1967). Der Patient schließt meist von selbst die Augen und befindet sich nach kurzer Zeit weiterer Verbalsuggestion in einem hypnoiden Zustand, den er selbst als einen behaglichen Ruhezustand erlebt.

Jetzt erst schließen sich die eigentlichen therapeutischen Suggestionen an, die man vorher mit dem Patienten gemeinsam erarbeitet hat. Die Dauer einer solchen Hypnose liegt im allgemeinen bei 15 bis 20 Minuten. Schließlich müssen entsprechende Verbalsuggestionen zum behutsamen, keinesfalls abrupten Zurücknehmen der Hypnose in einen normalen Wachzustand führen.

Über den »Mechanismus« der Hypnose gab es unterschiedliche Theorien. Im Mittelalter herrschten magische Vorstellungen vor und auch der »tierische Magnetismus« von Mesmer im Rahmen seiner Fluidum-Theorie ist noch in diese Kategorie einzuordnen.

Die heutigen theoretischen Vorstellungen zentrieren sich um den Begriff der Suggestion in Verbindung mit einer bestimmten Patienten-Arzt-Beziehung. Unter Suggestion versteht Stokvis eine »Beeinflussung des Denkens, Fühlens, Handelns und Wollens eines anderen Menschens unter Umgehung seiner rationalen Persönlichkeitsanteile auf dem Boden einer affektiven Resonanz« (Krapf, 1977, S. 1175).

Langen hingegen definiert: »Suggestion ist ein Ich-fremder Einfluß, der bei positiver emotioneller Wechselbeziehung angenommen und autosuggestiv verarbeitet wird« (Krapf, 1977, S. 1175). In dieser Definition ist deutlich der Zusammenhang bzw. Übergang zwischen Suggestionen und Autosuggestionen. Jede Hypnose läuft demnach letztlich auf eine Autosuggestion hinaus.

Daraus ergibt sich als wichtige Voraussetzung eine eher aktive Mitarbeit des Patienten als eine passive Erwartungshaltung. Die zwischenmenschliche Situation basiert auf einem Vertrauensverhältnis zwischen Hypnotherapeut und Patient, auf einer positiven Übertragung im psychoanalytischen Sinne (Krapf). Bei dem Patienten kommt es zu einer Regression mit Wiederbelebung frühkindlicher Entwicklungsstufen. Dabei muß auf die Gefahr vor einer infantil erotischen Bindung geachtet werden.

Was die Indikation der Hypnose angeht, so betont Lohmann besonders Angstzustände und Schlafstörungen und die vielfach dadurch komplizierten somatopsychischen Krankheiten.

Leuner und Schroeter (1975) haben einen aufschlußreichen Überblick über die Indikation und spezifische Applikation der Hypnotherapie gegeben. Darin werden viele psychosomatische Krankheiten angegeben, wie Asthma bronchiale, Ulcus pepticum, habituelle Obstipationen, Herzphobie, Tachykardien, ferner pectanginöse Syndrome, periphere Durchblutungsstörungen und sogar Anorexia nervosa. Segensreich kann auch die Hypnotherapie bei der Schmerzbekämpfung angewandt werden, in jedem Fall kann eine erhebliche Dosis an Schmerzmitteln eingespart werden (Lohmann, 1979).

Wie jede wissenschaftliche Methode, so hat auch die Hypnose ihre Kontraindikationen. Die Kontraindikationen können vom Krankheitsbild des Patienten her gegeben sein, z. B. bei allen Formen von Psychosen, besonders aus dem schizophrenen Formenkreis, sowie die paranoischen Entwicklungen. Bei hysterisch strukturierten Patienten, besonders bei der gegengeschlechtlichen Konstellation zwischen Patient und Hypnotherapeut, ist äußerste Vorsicht geboten, wenn möglich sollte man eine vertrauensvolle dritte Person hinzuziehen!

Kontraindikationen können aber auch in bestimmten biographischen Erlebnissen des Patienten liegen, die noch nicht aufgearbeitet worden sind. So ist z. B. beim Vorliegen eines Vergewaltigungserlebnisses von der Hypnotherapie zunächst abzuraten, da diese ängstigenden Erlebnisse wiederbelebt werden können.

Zusammenfassung

Die Hypnose wird durch die Fixationsmethode in Verbindung mit Verbalsuggestion des Hypnotherapeuten eingeleitet und führt zu einem Zustand einer Senkung des zuvor eingeengten Bewußtseins mit der Beeinflussung des Denkens, Fühlens, Handelns und Wollens eines anderen Menschen unter Umgehung seiner rationalen Persönlichkeitsanteile auf dem Boden einer affektiven Resonanz (Stokvis, 1959). Die eigentlich therapeutischen Suggestionen werden erst dann angewandt und sind vorher mit dem Patienten erarbeitet worden. Die

Voraussetzungen für das Gelingen einer Hypnose liegen in einer vertrauensvollen Patient-Arzt-Beziehung, bei der eine Regression des Patienten stattfindet mit der Wiederbelebung infantiler Interaktionsmuster. Bedeutsam ist der Übergang der Hetero-Suggestion in die Autosuggestion, so daß jede Hypnose letztlich eine Autohypnose darstellt. Die Indikationen der Hypnosetherapie liegen vor allen Dingen bei der Beseitigung aller sogenannter funktioneller Störungen. In neuerer Zeit werden jedoch auch Applikationen bei zahlreichen psychosomatischen Krankheiten angegeben (Leuner und Schröter, 1975). Wichtige Kontraindikationen leiten sich aus dem Vorliegen bestimmter Krankheitsbilder des Patienten ab, wie z. B. der Schizophrenie und paranoiden Symptomen. Weitere Kontraindikationen können in der Persönlichkeitsstruktur des Patienten gegeben sein, beispielsweise bei schwer hysterisch strukturierten Menschen.

4.5. Das Autogene Training

Ein weiteres suggestives Verfahren stellt das Autogene Training dar. Es wurde von J. H. Schultz (1932) entwickelt und ist ein Verfahren der konzentrativen Selbstentspannung. Das Verfahren hat seine Wurzeln in der Hypnose bzw. in der Autosuggestion und strebt an, durch selbsterzeugte (autogene) bildhafte Vorstellungen einen »hypnoiden« Zustand zu erreichen. Dieser Zustand ist charakterisiert durch

a) eine tiefe Entspannung der willkürlichen Muskulatur, welche subjektiv vom Patienten als Schweregefühl erlebt wird.
b) durch eine Entspannung der »vegetativen Apparate« mit Umschaltung auf »vagotone Sparbrennerwirkung« (Schultz, 1932) und
c) Entleerung des Bewußtseinsfeldes durch zunehmende Ablenkung und Einengung bei passiver Haltung, Außenreizverarmung und affektive Resonanzdämpfung.

Die entscheidende Frage liegt darin, wie können bildhafte Vorstellungen im Körpergeschehen wirksam werden und die Patienten fragen immer wieder, ob dies nicht »Einbildung« sei.

Die Wirksamkeit bildhafter Vorstellungen im Körpergeschehen gehört nun zu den psychosomatischen Grundphänomenen und man kann sich davon selbst durch den sogenannten Pendelversuch überzeugen.

Beim Pendelversuch nimmt man ein Pendel in seine rechte (oder linke)

Hand, man stellt sich vor, das Pendel würde in eine bestimmte Richtung ausschlagen. Diese Vorstellung, das Pendel schlägt beispielsweise von links nach rechts, setzt sich um in winzig kleine Muskelaktionen, die von der Versuchsperson selbst nicht wahrgenommen werden können, die aber durch die Versuchsanordnung des Pendels zu den tatsächlich vorgestellten Ausschlägen führt.

Die Einübung des Autogenen Trainings wird in der Praxis im Unterschied zur Hypnose meist in Gruppen durchgeführt. Die Patienten nehmen auf Stühlen in der sogenannten »Droschkenkutscherhaltung« Platz. Der Raum sollte günstige Ausgangsbedingungen haben in der Weise, daß er etwas abgedunkelt ist und möglichst sollten, zumindest am Anfang, störende Geräusche ferngehalten werden. Die Patienten werden dann aufgefordert, sich auf die einzelnen Übungen einzustellen, beispielsweise von der sogenannten Ruhetönung eine möglichst bildhafte Vorstellung entwickeln, um sich dann ganz passiv da hineingleiten zu lassen. Dies ist eigentlich eine wesentliche Schwierigkeit, weil die meisten Patienten mit zuviel Aktivität an diese Übung herangehen.

Während des Übungsablaufes werden dann nacheinander folgende Übungen durchgeführt:

- Schwere- und Wärmeübung
- Atemübung
- Herzübung
- Bauchübung (Sonnengeflecht) und
- Stirnkühle.

Wichtig ist, daß die Patienten diese Übungen zu Hause wenigstens ein- bis zweimal am Tag selbständig fortsetzen.

Nach durchschnittlichem Übungsverlauf ergeben sich bei den meisten der Patienten folgende Effekte:

a) sie kommen zu einer größeren Selbstruhigstellung, größerer Gelassenheit und Resonanzdämpfung der Affekte,
b) durch die eingeübte Entspannungsmöglichkeit erhalten sie die Möglichkeit, bei leichten Erschöpfungszuständen zu einer kurzfristigen Erholung zu kommen,
c) ferner können alle Arten von funktionellen vegetativen Beschwerden mit Hilfe des Autogenen Trainings im allgemeinen recht positiv beeinflußt werden.

Voraussetzung für das Autogene Training ist ähnlich wie bei der Hypnose eine ausreichende »Selbstverfügung« der Persönlichkeit, so daß sich auch hier eine Kontraindikation bei Vorliegen von psychotischen Erkrankungen, bei wahnhaften Symptomen und bei Depersonalisations- oder Derealisationserscheinungen ergibt.

Zusammenfassung

Das Autogene Training stellt ein suggestives Verfahren dar, das nach entsprechender Anleitung selbst durchgeführt werden kann (autogen). Der Anwendungsbereich als Psychotherapieverfahren erstreckt sich auf alle funktionellen Störungen. Das Autogene Training hat darüber hinaus eine wichtige psychohygienische Funktion, indem es bei regelmäßigem Üben zur vermehrten Selbstruhigstellung und der Möglichkeit kurzfristiger Erholung führt.

4.6. Die Verhaltenstherapie

Unter dem Begriff Verhaltenstherapie werden eine Anzahl von Methoden zusammengefaßt, die in den letzten zwanzig Jahren entwickelt wurden und auf der experimentellen Lernpsychologie basieren. Die wichtigsten Stufen der Entwicklung können neben den Arbeiten von Pawlow vor allen Dingen Wolpe (1958), Eysenck (1965) und Skinner (1974) zugeschrieben werden. Hierbei gehen die genannten Autoren davon aus, daß die neurotischen Störungen im Laufe des gesamten Sozialisationsprozesses erworben und somit gelernte Störungen des Erlebens und Verhaltens sind, die auf lerntheoretischer Grundlage erklärt sind. Komplexe intrapsychische Vorgänge – etwa in der Form von unbewußten Konflikten – werden von den Lerntheorien negiert.
Lerntheoretische Gesetzmäßigkeiten wie das klassische Konditionieren (Pawlow), operantes Konditionieren (Skinner) und Modell-Lernen (Bandura) werden nun auch zur Reduzierung oder Eliminierung (Extinktion) von bestehenden Verhaltensmustern, d. h. der Therapie von Verhaltensstörungen angewandt.
Dazu zählen insbesondere die systematische Desensibilisierung (Wolpe, 1958; Eysenck und Rachmann, 1965), die Aversionstherapie (Rachmann und Teasdale, 1969), das operante Konditionieren (Ullman und Krasner, 1968) sowie in neuerer Zeit vorwiegend kognitiv orientierte Therapiestrategien sowie Techniken zur Einübung sozialer Kompetenzen.
Im besonderen wurde das Vorgehen der systematischen Desensibilisierung umfassend untersucht (Rachmann, 1967). Diese Therapieform wird bei allen Patienten angewandt, die an schweren Angstsympto-

men, also beispielsweise an Phobien leiden. Der Patient wird angeleitet, sich ganz zu entspannen und er wird gebeten, sich die gefürchteten Szenen vorzustellen. Hierbei steigert er in einer bestimmten abgestuften Rangfolge den Grad der angstbesetzten Vorstellungen. Aufeinanderfolgende Wiederholungen von entspannter Einstellung und vorgestellter Situation folgen so oft, bis der Patient berichtet, daß seine Angst abnimmt. Schließlich ist er danach fähig, den vorgestellten furchtauslösenden Situationen ruhig zu begegnen. Diese erfolgreiche Verhaltensstrategie wird dann im allgemeinen ohne Schwierigkeiten auf die reale Lebenssituation generalisiert. Experimentelle Ergebnisse zeigen übereinstimmend, daß die Verhaltenstherapie mit dieser Technik in der Lage ist, bedeutende und andauernde Reduktion der Angst zu bewirken.

Bei einer spezifischen Form der Verhaltenstherapie, nämlich der *Aversionstherapie,* wird das nicht erwünschte und gestörte Verhalten mit einer aversiven Konsequenz gekoppelt (etwa chemische oder elektrische Schmerzreize), so daß das unerwünschte Verhalten bestraft und somit gelöscht wird. Mit dieser Methode versucht man Alkoholismus und andere Süchte zu behandeln, ferner sexuelle Deviationen oder auch die Enuresis nocturna.

Die Techniken des operanten Konditionierens stammen zum größten Teil aus den Arbeiten von Skinner und basieren auf dem zentralen Begriff der Verstärkung. Verhalten, das für den Patienten oder für die Umwelt befriedigende Konsequenzen hervorruft, wird verstärkt, während Verhalten, welches unbefriedigende Konsequenzen hervorruft, »bestraft« wird. Um ein sozial adäquates Verhalten zu erzeugen und aufrechtzuerhalten, müssen die Reaktionen des Patienten über einen längeren Prozeß hinweg unmittelbar durch die hervorgerufenen Konsequenzen gesteuert werden. Dabei wird durch das ständige verstärken sozial positiver Reaktionen und das ständige Bestrafen sozial negativer Verhaltensweisen ein Lernprozeß in Gang gesetzt, der ein situationsadäquates Verhaltensmuster und somit eine erfolgreiche Lebensbewältigung des Patienten bewirkt.

Weiterhin haben sich in der letzten Zeit Verfahren entwickelt, die dem Aufbau sozialer Fähigkeiten dienen und die auf Salter (1949) zurückgehen. Die verhaltenstheoretischen Behandlungsprinzipien, die er für Neurotiker entwickelte, basieren auf sechs Verhaltensregeln, deren Durchführung es dem Patienten ermöglichen soll, Hemmungen im Fühlen und Handeln abzubauen. Die Regeln bestehen darin, daß angenehme und unangenehme Gefühle offen und sofort geäußert werden sollen, und daß die Gefühle auch durch Mimik und Gestik

mitgeteilt werden sollen, daß der Klient möglichst oft das Wort Ich gebraucht, daß der Klient, wenn er gelobt wird, diesem Lob zustimmt, ohne es abzuschwächen, und daß der Klient möglichst spontan handeln soll, ohne lange zu planen. Der zweite Ansatz stammt ebenfalls von Wolpe (1975), der die Behandlungsprinzipien von Salter wieder aufgriff und als assertiv training (Selbstsicherheitstraining) in die Verhaltenstherapie einführte. Ein Selbstsicherheitstraining setzt sich nach Wolpe aus folgenden Komponenten zusammen:
Therapeut übt mit dem Klienten selbstsichere Redewendungen und ermutigt ihn, diese in jeder dafür geeigneten Situation anzuwenden. Darüber hinaus wird selbstsicheres Verhalten im Rollenspiel geübt, wobei der Klient sein Gegenüber in eine ungünstige Position zu bringen versucht, allerdings ohne aggressiv zu werden. Hier lernt der Klient langsam, seine Interessen durchzusetzen, indem er Forderungen stellt, Neinsagen und Kritisieren lernt, die Fähigkeiten erhält, Kontakt herzustellen und es sich erlaubt, Fehler zu machen und der öffentlichen Beachtung auszusetzen.
In letzter Zeit haben Feldhege und Krauthahn (1979) ein ausführliches Verhaltenstrainingsprogramm zum Aufbau sozialer Kompetenz vorgelegt, wobei dieser Ansatz als gruppentherapeutischer Ansatz ein breites ökonomisches Anwendungsgebiet dieses neuen verhaltenstherapeutischen Potentials bietet.

Zusammenfassung

Unter Verhaltenstherapie versteht man eine Anzahl von Methoden, die auf der experimentellen Lernpsychologie basieren. Neurotische Störungen sind dabei im Laufe des Sozialisationsprozesses erworbene und (fehl-)gelernte Störungen. Komplexe intrapsychische Vorgänge, über die die Psychoanalyse eine umfassende Theorie vorlegt, werden von den Lerntheoretikern negiert. Bei den Methoden, die auch eine erhebliche klinische Verbreitung gefunden haben, ist an erster Stelle die systematische Desensibilisierung nach Wolpe zu erwähnen, die gute Erfolge bei der Behandlung von Phobien zeigt. Ferner findet die Aversionstherapie, bei der das gestörte Verhalten mit einer aversiven Konsequenz gekoppelt wird, bei der Behandlung des Alkoholismus und anderer Süchte klinische Anwendung.
Die Methoden der operanten Konditionierung (Skinner) basieren auf

der Verstärkung von erwünschtem und der Bestrafung von unerwünschtem Verhalten, wodurch über einen längeren Prozeß hinweg sozial adäquates Verhalten erzeugt wird. Weiterhin haben sich in der letzten Zeit Verfahren entwickelt, die dem Aufbau sozialer Kompetenz dienen, insbesondere mit dem Begriff des Selbstsicherheitstrainings (assertiv training) bekannt geworden sind.

4.7. Die stationäre Psychotherapie

Die stationäre Psychotherapie wurde erstmals von Main im Jahre 1946 als »therapeutische Gemeinschaft« mit einem durchaus psychoanalytischen Aspekt etabliert. Bekannter geworden ist vielleicht die mehr sozial-psychiatrisch orientierte »therapeutische Gemeinschaft« von Jones (1953), denn das Ziel von Jones bestand darin, die starre Struktur der psychiatrischen Krankenhäuser aufzulockern, indem die hierarchische Struktur abgebaut wurde, um dem Patienten zu größerer Autonomie und sozialer Kompetenz und zu einer erhöhten Mitverantwortung in organisatorischen, aber auch in therapeutischen Dingen zu verhelfen. Dies brachte ein neues Rollenverständnis für Ärzte, Schwestern und andere Mitglieder des Behandlungsteams mit sich und es entwickelte sich die Tendenz, daß sich das Team überwiegend mit der Selbstreflektion seiner eigenen Probleme beschäftigte.
Die Organisation einer solchen Institution, in der stationäre Psychotherapie durchgeführt wird, bedarf eines sehr gut durchdachten Konzeptes und hochqualifizierter personeller Ausstattung. Das Behandlungsteam besteht aus psychotherapeutisch ausgebildeten Ärzten und Psychologen sowie aus Sozialarbeitern, Sozialpädagogen, Beschäftigungstherapeuten, Krankenschwestern bzw. -pflegern und eventuell Musiktherapeuten und Krankengymnasten. Das therapeutische Personal bildet insgesamt ein Team, in welchem maximaler Informationsaustausch über die Patienten erfolgen muß. Die Psychotherapiestation hat meist 10 bis 15 Behandlungsplätze. Im äußeren Rahmen wird z. B. ein bestimmter zeitlicher Tagesablauf vorgegeben, außerdem gibt es Regeln bezüglich des Verbotes von Alkoholkonsum und eigenmächtiger Medikamenteneinnahme. Auf der Station selbst muß die Möglichkeit zu intensiver und sehr offener Kommunikation der Patienten untereinander und mit den Teammitgliedern gegeben sein. Insgesamt muß also ein psychosoziales Klima geschaffen werden, welches für die

Psychotherapie förderlich ist. Dazu gehört insbesondere die Förderung der Eigenverantwortung der Patienten für sich selbst und die Vermeidung von eher passiven Erwartungshaltungen an die Therapie.
Ein weiteres Charakteristikum der stationären Psychotherapie besteht im Unterschied zur ambulanten Psychotherapie darin, daß eine Vielzahl von Psychotherapieverfahren nebeneinander angeboten wird. Im allgemeinen ist das Kernstück der Therapie eine analytisch-orientierte kombinierte Einzel- und Gruppenpsychotherapie. Hinzu kommen eine ganze Reihe auch averbaler Verfahren, wie Gestaltungstherapie, eventuell Musiktherapie, Kommunikationsübungen und Bewegungstherapie. Auch das Autogene Training als Entspannungsverfahren wird sehr häufig angewandt.
Die Vielfalt der angebotenen Therapieverfahren birgt allerdings die Gefahr einer unkritischen Polypragmasie in sich. Deshalb muß für jeden Patienten im einzelnen erwogen werden, welcher Therapieschwerpunkt zu welcher Zeit angewendet wird. Bei einem sehr früh gestörten und noch sehr Ich-schwachen Patienten wird man zu Beginn der Therapie eher den Schwerpunkt auf eine Einzeltherapie legen und ihm noch nicht die Belastung der Gruppenpsychotherapie zumuten. Der Patient soll die Gelegenheit haben, zunächst in einer Zweiersituation eine vertrauensvolle Beziehung aufzubauen.
Auch gibt es Kontraindikationen für bestimmte Verfahren, z. B. würde man bei einem Borderline-Patienten, der dazu neigt, episodenhaft Entfremdungsgefühle zu entwickeln, mit der Anwendung des Autogenen Trainings sehr zurückhaltend sein.
Für die stationäre Psychotherapie ergibt sich im Unterschied zur ambulanten Psychotherapie eine besondere Indikationsstellung.
Bei Patienten, deren häusliche bzw. familiäre oder berufliche Verhältnisse außergewöhnlich bedrückend sind, ist die Herausnahme aus dem häuslichen Milieu häufig die Voraussetzung für die Bearbeitung der vorliegenden Konflikte. Dazu gehören auch Patienten, bei denen ein schwerer Ehe- bzw. Partnerkonflikt vorliegt oder auch Jugendliche, die in ihrer Adoleszenzkrise das häusliche Milieu als sehr belastend erleben.
Eine weitere Indikation zur stationären Psychotherapie ergibt sich bei einer Gruppe von neurotischen Patienten, die an ganz akuten und schweren Symptomen leiden, wie z. B. an schwerer Herzneurose, schwerer Angstneurose, psychogenen Gehstörungen oder Lähmungen. Ferner gehören dazu schwere neurotische Depressionszustände. Hierbei kann allerdings eine Suizidgefahr problematisch werden. Die suizidgefährdeten Patienten müssen sich zumindest in der Gruppe

sehr wohl fühlen, oder müssen eine tragfähige Bindung zu einem Therapeuten aufgebaut haben.
Eine weitere Indikation für eine stationäre Psychotherapie ergibt sich bei schweren psychosomatischen Störungen wie Anorexia nervosa und Colitis ulcerosa. Diese Patienten bedürfen auch deshalb einer klinischen Behandlung, weil vorübergehend auch internistische Behandlungsmethoden angewendet werden müssen. Schließlich sollten Patienten mit hochgradiger Ich-Schwäche wie z. B. schizoide Neurosen, narzißtische Neurosen und Borderline-Erkrankungen eher zunächst einmal stationär-psychotherapeutisch behandelt werden, da das Schonklima und die Geborgenheit der Station zunächst einmal eher stützend und stabilisierend wirken kann.
Die stationäre Psychotherapie bietet auch die Möglichkeit, um schwierige differential-diagnostische Abklärungen durchzuführen. Die dort meist tätigen Psychologen können durch ihre Psychodiagnostik wesentliche differential-diagnostische Hilfe geben und während eines Aufenthalts von etwa 2 Wochen kann man aus der Verlaufsbeobachtung dann häufig differential-diagnostische Entscheidungen treffen.
Schließlich kommen für die stationäre Psychotherapie Patienten in Frage, die eine unzureichende Motivation für eine Psychotherapie haben oder bei vorhandenen seelisch bedingten Körpersymptomen ein unzureichendes Psychogeneseverständnis ihrer Beschwerden aufbringen. Eine gute, der Psychotherapie förderliche Atmosphäre auf der Station kann für die Patienten eine Art »Aufforderungscharakter« haben, wodurch langsam die Motivation für eine Psychotherapie erarbeitet werden kann.
Insgesamt soll die Institution der stationären Psychotherapie dem Patienten einen emotionalen Raum bieten, der ihm ein ausreichendes Maß an Schutz, Geborgenheit und Entlastung von seinem häufig übermäßigen Konfliktdruck bietet (Beese, 1977). Dem Patienten muß ferner, wie oben schon angedeutet, ein psychosoziales Klima angeboten werden, welches die Psychotherapie fördert. Dies besteht neben der Förderung der Eigenverantwortung auch darin, daß ihm sehr viel Verständnis für seine Verhaltensweisen entgegengebracht wird. Er muß vertrauensvolle menschliche Beziehungen anknüpfen. Er muß angeregt werden, eigene emotionale Vorgänge wahrzunehmen. Auch die soziale Wahrnehmung, also die Wahrnehmung, wie er auf andere wirkt, muß gefördert werden. Der Patient bekommt dadurch vielfältige Hinweise bzw. Anregungen, die motivationalen Hintergründe seines Verhaltens zu reflektieren. Dies führt dann schließlich nicht nur

zu einer korrigierenden emotionalen Neuerfahrung, auch zu korrigierenden sozialen Erfahrungen. Der Patient stellt sich auf seine innere Realität neu ein und ist dann gerüstet, auch seine äußere Realität neu einzurichten.
Dafür muß in einer zweiten Phase der Therapie gefordert werden, daß sich der Patient aktiv um die Neugestaltung seiner äußeren Lebensrealität kümmert. Er kann sich beispielsweise durch stundenweise Beurlaubungen in seinem häuslichen Milieu neu arrangieren. Er kann einen eventuellen beruflichen Wechsel aktiv vorbereiten, eventuell stundenweise Arbeitsversuche durchführen oder einen Wohnungswechsel vorbereiten.
Was die medikamentöse Unterstützung der Psychotherapie angeht, so werden selbstverständlich Medikamente beispielsweise aus internistischer Indikation, wie z. B. bei Colitis ulzerosa verabreicht. Auch einige neurotisch-depressive Patienten werden zu Beginn der Psychotherapie mit antidepressiven Medikamenten behandelt. Beruhigende Mittel oder Schlafmittel werden allerdings im allgemeinen nicht verabreicht, weil dies den Leidensdruck und die Motivation zur Psychotherapie behindert und eher die dahinterstehenden Konflikte verschleiert.
Im Zuge der stationären Psychotherapie werden auch häufig Angehörige wie Ehepartner oder die ganze Familie in die Therapie mit einbezogen. Dies sollte jedoch nur im Einvernehmen mit dem entsprechenden Patienten geschehen. Kontaktaufnahme mit Angehörigen hinter dem Rücken des Patienten kann eine mühsam aufgebaute Vertrauensbeziehung meist wieder zunichte machen.
Das Arrangement der stationären Psychotherapie mit der Vielzahl der therapeutischen Verfahren und der Vielzahl der therapeutisch tätigen Personen birgt eine ganze Reihe von Gefahren in sich. Die Vielzahl der angebotenen Therapieverfahren kann z. B. ein Widerstandsverhalten des Patienten begünstigen. Er bringt sich beispielsweise in der Gruppentherapie nicht ein, weil er in dieser Woche mit seinem Therapeuten noch ein Einzelgespräch hat. Die Einzeltherapie versucht er zu unterlaufen, indem er vertrauensvolle Gespräche mit der Gestaltungstherapeutin z. B. führt.
Bei der Vielzahl der Teammitglieder entstehen auch sehr vielfältige Übertragungsbeziehungen, die sehr unterschiedlich und teils gespalten sein können. Eine unserer Patienten erlebte die Gestaltungstherapeutin als eine Art gute Mutter, während der Einzeltherapeut in die Übertragungsrolle des bösen Vaters hineingedrängt wurde.
Patienten haben also durch das Arrangement der stationären Psycho-

therapie unter Umständen einen sehr breiten Raum zu agieren. Um dies zu erkennen und dies eventuell zu vermeiden, ist ein optimaler Informationsaustausch der Teammitglieder untereinander sehr bedeutsam.
Eine weitere sehr wichtige Gefahr der stationären Psychotherapie besteht darin, daß der Patient die Atmosphäre der Station als ein Schonklima erlebt und es ergibt sich nach einiger Zeit ein Verwöhnungseffekt. Er fühlt sich auf der Station und in der Gruppe ganz wohl, seine Konflikte sind nicht mehr aktuell und er findet auch sehr schnell meist unbewußte Techniken, die Therapie zu unterlaufen. Meistens rutschen solche Patienten in die Rolle des Ko-Therapeuten, indem sie sich um Probleme der anderen Patienten in der Gruppe sehr aktiv bemühen, ihre eigene Therapie kommt jedoch nicht voran. Eine weitere Regression kann dann zur Entfremdung von der äußeren Realität führen. Dies muß vom Team erkannt und dies muß mit dem Patienten durchgesprochen werden. Eventuell werden dann entsprechende Maßnahmen getroffen wie etwa eine zeitliche Begrenzung des stationären Aufenthaltes. Manchmal ist es für den Patienten ratsam, sich z. B. stundenweise oder gar über Nacht zu Hause aufzuhalten, um mit dem konfliktträchtigen Milieu wieder konfrontiert zu sein und die Aufarbeitung der Konflikte fortzusetzen.
Die Dauer einer solchen stationären Psychotherapie liegt zwischen 8 und 16 Wochen. Diese Zeit reicht selten aus, um eine abgeschlossene Therapie durchzuführen und meist ist eine ambulante Weiterbehandlung erforderlich. Manchmal kann erst ambulant eine konsequente analytische Psychotherapie beginnen, manchmal wird eine ambulante Gruppenpsychotherapie anzuschließen sein. Hierbei muß eine gute Zusammenarbeit zwischen der stationär-psychotherapeutischen Institution und niedergelassenen Psychotherapeuten vorhanden sein.
Zum Abschluß des Kapitels Psychotherapieverfahren soll in Form eines Tonbandprotokolls eine Patientin selbst zu Wort kommen, die eine solche Therapie mitgemacht hat.
Es handelt sich um eine 28jährige Patientin, die an einer Colitis ulcerosa erkrankte.
Zur Vorgeschichte ist zu erwähnen, daß die Patientin in einem Elternhaus aufwuchs, in welchem der Vater für sie als Bezugsperson kaum eine Rolle spielte. Die Mutter war wohl sehr dominierend, sehr einengend und die Patientin selbst fühlte sich in ihrer Zuwendung von seiten der Mutter zu kurz gekommen. Nach ihrem Erleben wurde ihr etwas jüngerer Bruder, der im übrigen häufig krank war, ständig vorgezogen. Die Mutter verlangte in ihrem Erziehungsstil offenbar

Unterwerfung und so entwickelte sich bei der Patientin eine aggressiv-gehemmte Struktur, indem sie ihre eigenen Ansprüche überhaupt nicht adäquat durchsetzen konnte und auch nicht Nein sagen konnte gegenüber Personen, von denen sie Zuwendung erwartete.
Sie war dann mit 18 Jahren aus dem Elternhaus gegangen und hatte geheiratet. Von dieser Heirat erhoffte sie eine ungeteilte Zuwendung, allerdings sei sie in dieser Ehe »von einer Abhängigkeit in die andere gekommen«. Ihr Mann war begeisterter Bastler und so mußte sie auch wiederum die Zuwendung des Mannes mit seinem Hobby teilen. Sie war dabei so unterwürfig, daß sie eigene Ansprüche überhaupt nicht signalisieren oder verbalisieren konnte.
Die Krankheit brach dann aus, kurz nachdem die Patientin einen Sohn geboren hatte. Sie selbst sagte dazu, daß sie die Umstellung vom Berufsleben auf das Hausfrauendasein nicht verkraftet hätte.
Diese Patientin hatte natürlich nicht nur Abhängigkeits- bzw. Geborgenheitswünsche, sondern auch Selbständigkeitswünsche, die sie in ihrer beruflichen Tätigkeit sehr gut realisieren konnte. Sie war in einer bestimmten Abteilung eines Kaufhauses sehr »selbständig« tätig, hatte sehr viel Kontakt zu Kundinnen und war auch bei ihren Mitarbeiterinnen sehr geachtet.
Diese auslösende Situation hatte für die Patientin den Charakter einer äußeren Versagung bzw. eines Verlusterlebnisses. Sie mußte sich nämlich von den Realisierungsmöglichkeiten ihrer Selbständigkeitswünsche plötzlich trennen.
Die Patientin wurde von der internistischen Abteilung, wo sie medikamentös anbehandelt war, auf unsere Psychotherapiestation übernommen. Die Dauer der stationären Psychotherapie betrug etwa 3 Monate, danach wurde sie noch durch ihre Therapeutin etwa 1½ Jahre ambulant nachbetreut.
Die Symptomatik hatte sich bei der Patientin sehr gut gebessert; ihre aggressiven Gehemmtheiten konnten aufgearbeitet werden, und auch die Beziehung zu ihrem Ehemann – dieser war im übrigen teilweise in die Therapie einbezogen worden – konnte auf eine neue, realistischere Basis gestellt werden.
Bei einem Nachuntersuchungsgespräch etwa zwei Jahre nach der stationären Aufnahme, gab die Patientin dann folgendes an (wörtliches Tonbandprotokoll):

Tonbandprotokoll

Ref.: Frau G., vielleicht könnten Sie einmal schildern, wie diese Therapie für Sie abgelaufen ist.

Pat.: Ja, ich würde also so sagen, die stationäre Therapie war also für mich ein unwahrscheinliches Erlebnis. Überhaupt, um mal Menschen zu treffen, die Verständnis für meine Fehler hatten, für meine Situation, überhaupt, und was für mich ganz neu war, daß ich also trotz meiner Fehler, die ich habe und trotz der Sache, die ich da also so mehr oder weniger angestellt habe, von niemandem abgelehnt worden bin. Sie haben mich also alle aufgenommen.

Ref.: Also, das Erleben, ich werde bedingungslos akzeptiert.

Pat.: Genau, bedingungslos. Ich würde sagen, von allen, mit denen ich hier zusammen war, daß ich also bedingungslos akzeptiert worden bin, das war für mich eine ganz ganz neue Erfahrung, ja. Bisher war es so, wenn ich also was wollte, dann hatte ich mich daran zu halten, was er von mir forderte und ich bekam es nicht, wenn ich mich nicht daran hielt. Und hier war es genau umgekehrt, die haben wohl gemerkt und haben es alle gewußt und haben halt versucht, mir dabei zu helfen, in der Beziehung etwas mehr Selbstbewußtsein zu bekommen, daß ich nicht mehr um Zuwendung betteln muß, sondern daß die so ganz von alleine kam. Das war also für mich eine unwahrscheinlich gute Erfahrung. Dann war es ja so, daß ich also sehr lange Zeit gebraucht habe, um überhaupt mal in der Gruppe offiziell über meine Probleme zu reden. Das hat mich eine unwahrscheinliche Überwindung gekostet, weil eben die Angst dahinter stand, wenn die erstmal alles über dich wissen, dann wollen sie nichts mehr von mir wissen, und dann war es so, daß ja zu der Zeit der Herr W. noch in der Gruppe war, vor dem ich eine wahnsinnige Angst hatte, weil der in seiner ganzen Wesensart meinem Mann sehr ähnlich war, dieses Aufbrausende, dieses brr für jede Kleinigkeit, da hab' ich also oft gezittert. Und vor allen Dingen bei ihm war es so, daß ich also dann auch als ich mich dann doch dazu durchgerungen hatte, mal in der Gruppe über meine Probleme zu reden, wahnsinnige Angst hatte, was kommt da auf dich zu, vor allen Dingen von Herrn W.'s Seite, was wird er dir an den Kopf werfen und dies und das. Die Überraschung war um so größer, als nach der Gruppentherapie Herr W. auf mich zu kam, mich in den Arm nahm und sagte: »Mein Gott, was hast Du durchgemacht, weißt Du, in dem was Du über Deinen Mann gesagt hast, habe ich mich wiedergefunden und Du glaubst gar nicht, wie mich das bedrückt.« Da hab' ich ihn erstmal angeguckt, ich konnte es ihm nicht glauben und von dem Tag an waren wir die besten Freunde. Der hat mir dann unwahrscheinlich viel Verständnis entgegengebracht, wegen Schuldgefühlen seiner geschiedenen Frau gegenüber war es bei ihm so ähnlich, weil er eben auch so aufbrausend war und nie Zeit für seine Frau hatte usw. Dann kam ja der Tag der Entlassung, ich war ja auf der einen Seite sehr froh, es waren ja immerhin fast 3 Monate, die ich von zu Hause weg war, auf der anderen Seite war ich also sehr traurig, daß ich die Gruppe verlassen mußte, weil es für mich also der Halt war, der Halt überhaupt. Wenn ich von einem miesen Wochenende hierher kam, dann war ich froh, wenn ich hier unten den Fuß reinsetzen konnte und wußte, ich bin jetzt wieder hier. Dieses Gefühl habe ich Monate lang mit mir rumgeschleppt. Ich konnte mich einfach nicht von hier lösen. Es fiel mir wahnsinnig schwer, das was ich hier so erfahren hatte, in der Realität draußen wiederzufinden, das gibt's dort einfach nicht, das ist unrealistisch. Ich

hatte gedacht, wenn du jetzt rauskommst, geht es draußen so weiter, die halten alle zu dir, haben Verständnis für dich usw. Das hat also sehr, sehr lange Zeit gedauert, ehe ich mich also einmal abgenabelt von hier habe, hat also sehr weh getan, ich hab' manchmal gedacht, mein Gotte, wärst du noch mal da, wären wir noch mal alle zusammen. Dann war es ja so, daß ich bis zum heutigen Tag noch mit einigen Mitgliedern der damaligen Gruppe in Verbindung stehe, daß wir uns also regelmäßig sehen, viele gemeinsame Unternehmungen machen, und es ist aber mittlerweile so geworden, daß es also nicht mehr das Zusammengehörigkeitsgefühl der Gruppe hier mehr ist, sondern es ist reine Freundschaft geworden. Das finde ich also, das ist sehr positiv von dem was ich auch von hier mitgenommen habe. Dann fing es eben an, daß ich draußen war, es lief alles gut, mein Mann hat sich also mir gegenüber sehr rücksichtsvoll benommen, in den ersten Wochen hatte er sich Urlaub genommen, als ich zu Hause war, ich fühlte mich also unwahrscheinlich wohl, trotz der Sache, daß ich eben gerne wieder hier gewesen wäre. Sie haben alle sich bemüht, es mir leicht zu machen, mir also den Übergang leichter zu machen. Dann war ich also doch froh, wenn es Dienstag oder Donnerstag wurde und ich hatte ein Gespräch mit meiner Therapeutin. Es war dann so das, wo ich mich drauf fixieren konnte und dann war es dann eine Weile später, daß es nur noch einmal in der Woche war, dann ging die Therapeutin ja in Schwangerschaftsurlaub, dann war eine Pause, ich muß sagen, ich bin eigentlich ganz gut zurechtgekommen. Wir haben also mehrere Male über mehrere Wochen Pause gemacht. Sie sagte dann immer, ja, wenn was ist, dann rufen Sie mich an, das hab' ich dann auch gemacht, dann habe ich mich zwischendurch schon mal gemeldet und ihr gesagt, es geht mir gut. Ich brauche sie aber im Moment nicht, da hat sie sich dann natürlich auch drüber gefreut. Aber irgendwann kamen dann wieder Situationen, wo ich dachte, so geht's nicht mehr weiter. Du bekommst wieder einen Rückfall, dann habe ich wieder angerufen, bin wieder hierher gekommen. Das ist also für mich auch jetzt noch ein unwahrscheinlich beruhigendes Gefühl zu wissen, du hast jemanden, zu dem kannst du gehen, du kannst also sagen, was du hast, was dich bedrückt, wo du nicht mit fertig wirst und was du eben alleine nicht schaffst. Es ist also für mich eine Art Stützkorsett. Da klammere ich mich im Moment noch so dran. Jetzt ist es so, daß ich noch alle 14 Tage zu ihr gehe und es waren immer Probleme, die mit meinem Mann und meiner Familie zusammenhängen. Meinen Minderwertigkeitsgefühlen, meinen Abhängigkeitsgefühlen zusammenhängen, dieses »allen Leuten es gut machen wollen« und das sind also die Probleme, die auch bis zum heutigen Tage vorrangig sind. Die Beziehungen zu meinem Mann sind ja auf eine völlig neue Basis gestellt worden. Es ist nicht mehr ein Verhältnis zwischen Herr und Dienstempfänger, sondern das Verhältnis hat sich wirklich grundlegend geändert. Ich habe mich ja beruflich selbständig gemacht, wie ich Ihnen schon am Telefon erzählte, und das ist gewissermaßen meine Unabhängigkeit.
Zwischendurch war ja auch mein Mann in die Therapie mit einbezogen worden. Er war da zunächst sehr zurückhaltend, das hat ihn aber doch dann unwahrscheinlich beeindruckt. Er war zuerst von der Voraussetzung ausgegangen, das hat er mir auch gesagt, die Frau Dr. B. ist Deine Therapeutin und sie wird eben zu Dir halten. Als er aber dann merkte, daß es nicht so war, hat ihn das sehr beeindruckt und er hat dann auch prima mitgezogen. Jetzt ist es so, daß ich noch wie gesagt alle 14 Tage zu meiner Therapeutin gehe und ich fühle mich sehr wohl.«

Die Patientin schildert hier noch einmal ganz deutlich, daß diese Therapie für sie ein »Erlebnis« war, d.h. Therapie kann man bzw.

muß man erleben und nicht »gemacht bekommen«. Die Patientin erlebte die Station als Schonklima und hat sicher in der Atmosphäre des Verständnisses und des bedingungslosen Akzeptierens einige Defizite aus ihrer frühen Kindheit emotional neu erfahren können. Dann ergab sich in der Gruppentherapie der für sie sehr günstige Zufall, daß sie die problematische Beziehung zu ihrem Mann gewissermaßen modellhaft mit einem anderen männlichen Gruppenmitglied, der ihrem Mann sehr ähnlich war, durcherleben und zum Teil schon aufarbeiten konnte. Das war auch eine sehr günstige Voraussetzung, den Ehemann mit in die Therapie einzubeziehen, was ein gewisses Risiko anfänglich in der Therapie darstellte. Die Partnerschaft war in bestimmten Machtkampfmechanismen so festgefahren, daß wir anfangs durchaus die Gefahr diskutierten, die Ehe könnte auseinandergehen. Dann bekam die Patientin eine Zeit vor der Entlassung erhebliche Ablöseschwierigkeiten, sie sprach selbst vom »Abnabeln«. Sie hat sich dieses Stück positive Erfahrung und Geborgenheit gewissermaßen selbst noch zu bewahren versucht, indem sie weitere Kontakte zu den meisten Gruppenmitgliedern pflegte.
In beruflicher Hinsicht hat sie sich, was ja ihren Selbständigkeitswünschen sehr klar entspricht, eben »selbständig gemacht«, indem sie heute ein Einzelhandelsgeschäft betreibt und offenbar eine sehr tüchtige Kauffrau ist.

Zusammenfassung

Bei der stationären Psychotherapie ist den Patienten ein äußerer institutioneller Rahmen vorgegeben. Das Team setzt sich meist aus ärztlichen Therapeuten, Krankenschwestern, Psychologen, Sozialarbeitern, Beschäftigungstherapeuten zusammen, wobei jeder eine unterschiedliche Rolle übernimmt. Die Teammitglieder untereinander müssen einen optimalen Informationsaustausch durchführen. Im allgemeinen werden auch nebeneinander mehrere Therapieverfahren angewendet, so daß Vielfalt ein wesentliches Charakteristikum darstellt. Diese Vielfalt ist einesteils erwünscht, da die Patientengruppe meist äußerst heterogen ist. Die Vielfalt birgt zum anderen die Gefahr einer unkritischen Polypragmasie, ferner die Gefahr, daß einem Widerstand des Patienten damit entgegengekommen wird. Außerdem können die häufig gespaltenen Übertragungsbeziehungen des Patien-

ten recht schwer integriert werden. Als Indikation für die stationäre Psychotherapie bieten sich sehr schwer gestörte Patienten, z. B. Borderline-Erkrankungen, an. Außerdem werden wegen der klinischen und auch kombinierten Behandlungsmöglichkeiten psychosomatische Krankheiten, wie Anorexia nervosa, Colitis ulcerosa etc. vorzugsweise auf einer solchen Psychotherapiestation behandelt. Hinzu kommen Patienten, die durch ihren häuslichen Bereich einem starken Konfliktdruck ausgesetzt sind, wie z. B. Jugendliche in einer Adoleszenzkrise oder Patienten in einer schweren Partnerkrise. Schließlich ist die Möglichkeit einer differential-diagnostischen Abklärung als Indikation für die stationäre Psychotherapie zu erwähnen, außerdem erlangen schlecht motivierte Patienten durch den »Aufforderungscharakter« des psychosozialen Klimas auf der Station meist einen Zugang zu ihrer Therapie.
Eine besondere Gefahr liegt in einem gewissen »Verwöhnungseffekt«, dem aber von seiten des Teams entsprechende Maßnahmen entgegengesetzt werden.

Kontrollfragen

4.1. Was versteht man unter psychoanalytischer Grundregel?
4.2. Was ist Abstinenzregel und welchen Sinn hat sie?
4.3. Was versteht man unter Übertragung?
4.4. Was versteht man unter Widerstand in der psychoanalytischen Therapie?
4.5. Was ist ein Arbeitsbündnis?
4.6. Beschreiben Sie einige der Ebenen des psychoanalytischen Prozesses!
4.7. Welche psychoanalytisch orientierte Therapieverfahren kennen Sie?
4.8. Welche unterschiedliche Beziehung zwischen Patient (Klient) und Therapeut werden bei der Gesprächspsychotherapie und bei der psychoanalytischen Therapie angestrebt?
4.9. Was bedeutet Verbalisieren emotionaler Erlebnisgehalte?
4.10. Welche therapeutischen Grundhaltungen sind bei der Gesprächspsychotherapie von besonderer Wichtigkeit?
4.11. Welche Kontraindikationen der Hypnosetherapie kennen Sie?
4.12. Bei welchen Krankheitsbildern sind Suggestivverfahren besonders indiziert?
4.13. Welche theoretische Basis hat die Verhaltenstherapie?
4.14. Welche Störungen behandelt man mit der Methode der systematischen Desensibilisierung?
4.15. Woraus setzt sich das therapeutische Team auf einer Psychotherapiestation meist zusammen?
4.16. Welche Indikation für eine stationäre Psychotherapie kennen Sie?
4.17. Welche Gefahren der stationären Psychotherapie kennen Sie?

5. Die Prognose der Neurose

Eine allgemein gültige Angabe über die Prognose der Neurose bzw. eine Quote des Behandlungserfolges ist deshalb schwer zu geben, weil der Neurose außerordentlich heterogene und komplexe Bedingungen zugrundeliegen. Allein von der Symptomatik ist die Neurose derartig vielschichtig, daß die diagnostische Klassifikation bereits große Schwierigkeiten bereitet. Außerdem sind jeweils die strukturellen und lebensgeschichtlichen Hintergründe so vielfältig, daß sie auch manchmal kaum miteinander zu vergleichen sind. Auch die aktuelle Situation des Patienten, beispielsweise seine berufliche Situation, die Art seiner sozialen Bezüge ist oft so unterschiedlich, daß ein Vergleich kaum möglich ist. Der gruppenstatistische Ansatz der Erfolgsforschung verwischt also die enormen individuellen Unterschiede. Das Kernproblem bei der Erfolgsforschung scheint jedoch zu sein, daß allgemein anerkannte Kriterien für Heilung und Besserung von Neurosen nicht existieren.

Cremerius (1962) hat ausführlich dargestellt, wie problematisch und irreführend das Verschwinden eines Symptoms sein kann. Es kann sich dabei um eine »Übertragungsheilung« handeln oder um eine Symptomverschiebung, beispielsweise aus dem somatischen in den psychosozialen Bereich.

In der Praxis gibt es viele Möglichkeiten und Methoden, den Behandlungserfolg zu messen. Am einfachsten läßt man den Patienten eine Beschwerdeliste (z. B. Gießener Beschwerdeliste nach Zenz, 1971) vor der Therapie und nach der Therapie ausfüllen. Man bewegt sich dabei rein auf der Symptomebene und erfaßt im allgemeinen eine geringere Intensität der dort vorgegebenen überwiegend funktionellen Beschwerden.

Einen wesentlichen Fortschritt hat die Einführung psychodiagnostischer Verfahren wie beispielsweise MMPI, FPI und Gießen-Test gebracht. Diese Tests sind nach den üblichen Kriterien der Objektivität, Validität und Realiabilität durchkonstruiert und erfassen häufig auch Einstellungen des Patienten, so daß man damit eine verläßliche Einstellungsänderung ermessen kann.

Eine weitere wichtige Methode ist das Heranziehen sozialer Daten aus Erfolgskriterien. Dührssen und Jorswieck (1965) haben die durchschnittliche Dauer der Krankenhausaufenthalte von Neurotikern vor

und nach der Behandlung festgestellt und diese mit den Werten einer Kontrollgruppe von allgemeinen Versicherungsnehmern der AOK Berlin verglichen. Dabei zeigte sich, daß die psychoanalytisch behandelte Patientengruppe in den 5 Jahren nach Abschluß der Therapie signifikant seltener in das Krankenhaus eingewiesen wurde, als der Durchschnitt aller Versicherungsnehmer. In diesem Sinne kann man weitere Erfolgskriterien, die sich am manifesten Verhalten orientieren, wie Arbeitsfähigkeit, Schulerfolg etc. hinzunehmen. Die Besserungsquote, die sich an der Symptomebene orientiert, ist dabei relativ unabhängig vom Behandlungsverfahren und bewegt sich in der Größenordnung zwischen 60 und 80 Prozent (Cremerius, 1962). Daraus ist das einfache Modell der Zwei-Drittel-Heilung abgeleitet worden.
Die Tendenzen in der Erfolgsforschung der Psychotherapie gehen aber heute mehr in die Richtung der Einzelfallforschung und die Frage, die in der psychotherapeutischen Forschung heute gestellt wird lautet: »Welche Patienten verändern sich unter welcher Therapie bei welchem Therapeuten unter was für therapeutischen Bedingungen im Sinne vorher festgelegter Therapieziele?« (Kächele, 1975, S. 27).
Über Verlauf und Prognose hat Ernst schon 1959 einige grobe Anhaltspunkte gegeben. Als sehr positiv für den Verlauf bzw. die Therapiechance hat er gesundes Verhalten, Lebenstüchtigkeit, Begabung und Intelligenz angegeben, während sich die Verlaufstendenz verschlechtert, je abnormer und unbegabter die prämorbide Persönlichkeit ist. Für günstige Verläufe spricht nach Ernst weiterhin ein akuter Krankheitsbeginn im Gegensatz zu einem schleichenden und eine emotional beteiligte Reaktion (aufgewühlt oder depressiv) im Gegensatz zu einer gleichmütig-besonnenen.
Die Prognose eines Behandlungserfolges kann man natürlich auch auf die ganz einfache Formel bringen, daß »schwere« Neurosen eine schlechtere Prognose haben als »leichte« Neurosen. Die Frage entsteht nun, was sind »schwere« Neurosen?
Sollte man den Schweregrad einer Neurose von seiner Symptomatik abschätzen? Wenn beispielsweise ein Patient, der an einer Herzneurose leidet, unter dramatischen Umständen in die Klinik gebracht wird und er klagt über schwerste Angstgefühle bis zur Todesangst, über Herzschmerzen, Zittern, Atemnot etc., handelt es sich dabei um eine »schwere« Neurose? Oder ein anderer Kranker, der sich seit 6 Jahren mit Zwangsvorstellungen quält, über die er noch nie mit jemandem sprechen konnte, die er still mit sich herumgetragen hat und dadurch in den Entfaltungsmöglichkeiten seiner Persönlichkeit beeinträchtigt war, handelt es sich dabei um eine »schwere« Neurose?

Oder sollen wir das Kriterium der subjektiven Beeinträchtigung nehmen, wenn z. B. ein Suchtkranker, der sich ja subjektiv kaum beeinträchtigt fühlt, dessen Beeinträchtigung nach seiner Ansicht oft lediglich darin besteht, daß er nicht ausreichend und finanziell erschwinglich sein Suchtmittel zur Verfügung hat, handelt es sich dabei um eine »leichte« Neurose?

Den Schweregrad der Neurose kann man nun am besten nach seiner Therapierbarkeit abschätzen und hier hat F. Heigl (1972) wohl die umfassendsten prognostischen Kriterien angegeben, die in der klinischen Praxis jeweils für den einzelnen Patienten ein gutes Abschätzen seiner Therapierbarkeit und somit seiner Prognose ermöglichen.

Ein ganz wesentlicher Faktor als Voraussetzung der Therapierbarkeit ist der Leidensdruck des Patienten. Dies ist meines Wissens von allen Psychotherapieverfahren anerkannt. Wenn der Patient an Symptomen leidet, wie süchtige Fehlhaltungen, Verwahrlosungserscheinungen oder sexuellen Deviationen, so ist bei diesen Störungen der Leidensdruck deshalb nicht gegeben, weil die neurotische Symptomatik für sich ihre »Ersatzbefriedigungen« bedingt. Wenn ein süchtiger Patient ein bißchen Frustration und Spannung, was in keiner Therapie ausbleibt, ertragen muß, so wird er sich sofort wieder in seiner süchtigen Fehlhaltung seine Ersatzbefriedigung nehmen. Insofern handelt es sich bei der Sucht also um eine schwere Neurose, weil sie therapeutisch schwer zu beeinflussen ist.

Zu den ungünstigen Kriterien zählt auch der sogenannte sekundäre Krankheitsgewinn, der den Leidensdruck meist übersteigt. Ein Patient, der sich bewußt oder unbewußt die Hoffnung macht, über das neurotische Symptom irgendwelche sozialen Vergünstigungen wie Rente oder ähnliches zu bekommen, wird natürlich kaum einen echten Leidensdruck haben, eine Psychotherapie zur Beseitigung des Symptoms durchzuhalten.

Von der Symptomatik her kann man ganz allgemein sagen, daß je länger eine Symptomatik andauert, desto ungünstiger wird die Prognose sein, d. h. desto schwieriger die Therapie und desto schwerer die Neurose.

Eine neurotische Symptomatik, die beispielsweise erst wenige Monate besteht, hat meistens eine bessere Prognose.

F. Heigl bestätigt auch die Ergebnisse von Ernst, daß ein akuter Krankheitsbeginn prognostisch meist günstiger ist als ein schleichender Beginn.

Auch die Art der auslösenden Situation kann einen wertvollen prognostischen Hinweis geben. Wenn die auslösende Situation sehr belastend war, sehr traumatisch wirkte, so ist dies meist viel günstiger hinsichtlich der Prognose, als eine blande, manchmal kaum einfühlbare Situation, unter der sich die neurotische Symptomatik entwickelt hat.

Aus der Erhebung der biographischen Anamnese in Verbindung mit dem Auftreten früherer neurotischer Dekompensationen kann man auch ein wichtiges Kriterium ableiten. Wenn beispielsweise neurotische Störungen bereits in der frühen Kindheit in Form von Angstzuständen, Einnässen, Eßstörungen, Schlafstörungen etc. vorgelegen haben, und wenn an allen sogenannten Schwellensituationen des Lebens, also etwa während der Einschulung, beim Beginn der Berufsausbildung, in der Adoleszenz, beim Verlassen des Elternhauses, bei Verlobung, Heirat etc. immer wieder neurotische Symptome aufgetreten sind, so spricht dies doch eher für eine strukturelle Schwäche und somit eine ungünstige Prognose. Jedes neurotische Symptom ist immer in die Struktur der Persönlichkeit eingebettet.

Auch aus der biologischen Situation des Patienten sind einige prognostische Rückschlüsse möglich.

Was das Lebensalter des Patienten angeht, so ist generell zu sagen, daß bei jüngeren Patienten die Prognose im allgemeinen günstiger ist als bei Patienten im höheren Lebensalter. Dies bedeutet nicht, daß ein Patient mit 50 oder 60 Jahren keiner Psychotherapie mehr zugänglich wäre. Im allgemeinen gestaltet sich jedoch die Therapie im höheren Lebensalter schwieriger.

Ein weiterer wichtiger Punkt aus der biologischen Situation besteht im Vorliegen organischer Defekte. Wenn sich eine neurotische Symptomatik in Verbindung mit einer dauernden körperlichen Behinderung oder einer chronischen körperlichen Krankheit entwickelt hat, so ist es für diesen Patienten natürlich wesentlich schwieriger, konstruktive Lösungen aus seiner Situation zu entwickeln.

Schließlich spielen neben dem oben genannten Leidensdruck auch die echte Motivation des Patienten zur Psychotherapie eine entscheidende Rolle. Voraussetzung dafür ist sicher eine ausreichende intellektuelle Kapazität, zumindest kann man dies für die analytisch orientierten und gesprächspsychotherapeutischen Verfahren sagen. Bei minderbegabten Patienten kommt eher ein übendes bzw. meist verhaltenstherapeutisches Verfahren zur Anwendung.

Insgesamt müssen also diese prognostischen Kriterien am jeweiligen Einzelfall angewendet werden und unter Umständen muß man das therapeutische Vorgehen oder auch das Therapieverfahren sehr variabel und auf den Einzelfall anwenden. Der hohe Anspruch der psychoanalytisch orientierten Verfahren auf eine Strukturänderung des Patienten läßt sich in der therapeutischen Praxis nicht immer erfüllen. Langen (1969) vergleicht die Psychotherapie der Neurose mit der Behandlung einer Herzinsuffizienz, die dekompensiert ist. Es kommt darauf an, die neurotische Störung in das Stadium der Kompensation zurückzuführen. Die Kriterien für die »Kompensation« sind natürlich sehr häufig die Symptombeseitigung bzw. die Symptomminimalisierung. Hinzu kommen Ziele, die unter Umständen in der Psychotherapie mit dem einzelnen Patienten erarbeitet werden müssen. Darunter fallen oft die schon von Freud angegebenen Ziele einer Wiederherstellung der Arbeitsfähigkeit, Liebesfähigkeit und Genußfähigkeit. Hinzugefügt werden sollte noch die Leidensfähigkeit, die Fähigkeit also des Menschen, Konflikte, Frustrationen, Spannungen und eben Leiden besser zu ertragen.

Zusammenfassung

Wegen der Vielfältigkeit der Symptomatik sowie der jeweils unterschiedlichen strukturellen und lebensgeschichtlichen Hintergründe ist eine allgemein gültige Angabe über die Prognose der Neurose schwer zu geben. Gemessen wird der Behandlungserfolg einmal auf der Symptomebene, z. B. in Form der Selbstbeurteilung des Patienten. Mit Hilfe von psychodiagnostischen Verfahren können auch Einstellungsänderungen erfaßt werden. Ein sehr wertvolles Erfolgskriterium ist die Einbeziehung sogenannter sozialer Daten, wie etwa Dauer der Krankenhausaufenthalte, Arbeitsfähigkeit etc. vor und nach der Behandlung im Vergleich mit entsprechenden Kontrollgruppen. Dabei zeigt sich, daß die Quote des Behandlungserfolges unabhängig von einzelnen Psychotherapieverfahren auf der Symptomebene etwa bei zwei Drittel der behandelten Patienten liegt. Die Tendenz in der Erfolgsforschung geht allerdings in Richtung auf eine detaillierte Einzelfalluntersuchung.
Für die klinische Praxis hat Heigl (1972) auf den Einzelfall anzuwendende Kriterien der Schwere der Neurose bzw. der Therapiefähigkeit gegeben. Dabei haben sich die Art des Leidensdrucks, ein eventuell vorliegender sekundärer Krankheitsgewinn, sowie Dauer der Symptomatik und die Art der Auslösesituation als für die klinische Praxis brauchbare prognostische Kriterien herausgestellt.

Kontrollfragen

5.1. Welche Methoden der Erfolgsforschung in der Psychotherapie kennen Sie?
5.2. Wie erfolgreich ist Psychotherapie im allgemeinen?
5.3. Welche prognostisch günstigen Kriterien einer Neurose kennen Sie?
5.4. Warum wird die Anwendung ausschließlich der Symptomebene der Erfolgskontrolle einer psychoanalytischen Behandlung nicht gerecht?
5.5. Welche Kriterien des Behandlungserfolges hat Freud angegeben?

Anhang

Antworten zu den Kontrollfragen

1.1. Das Gespräch.

1.2. Wir versuchen heute weniger die Krankheit als den kranken Menschen in seiner biologisch somatischen und psychosozialen Dimension zu erfassen.

1.3. Beim Interview läßt man die Gesprächssituation möglichst unstrukturiert und beschränkt sich auf Interventionen, die sich auf das »Material« des Patienten beziehen. Außerdem versucht man, auf interaktionelle Phänomene zu achten. Bei der Anamneseerhebung wird die Gesprächssituation im allgemeinen dadurch strukturiert, daß der Untersucher überwiegend gezielte Fragen stellt.

1.4. Beim Interview muß der Therapeut in die Rolle des teilnehmenden bzw. engagierten Beobachters kommen.

1.5. Interventionen beim Interview sind z. B. gezielte Fragen zur weiteren Erhellung des schon Gesagten, ferner Konfrontationen, Erklärungen und Interpretationen.

1.6. Argelander unterscheidet objektive Informationen, z. B. Lebensdaten, subjektive Informationen, was für den Patienten von besonderer Bedeutung ist, und szenische Informationen, was das Unbewußte des Patienten in Szene setzt.

1.7. Bei der biographischen Anamnese kommt es darauf an, daß die Lebensgeschichte im Sinne der Erlebensgeschichte korreliert wird mit bestimmten Erkrankungen, um eine Einsicht in die Entwicklung der Krankheit im Spannungsfeld der Erlebnisverarbeitung zu bekommen.

2.1. Die Funktionsweise des Unbewußten umschreibt man mit dem Begriff des Primärvorganges.

2.2. Beim Primärvorgang herrscht das Lustprinzip vor, d. h. die Triebenergie drängt nach unmittelbarer Abfuhr. Die Triebenergie ist kaum gebunden, flottiert frei, kann sich sehr leicht auf andere Vorstellungen verschieben. Es gibt keinen Bezug zur äußeren Realität, es existiert Zeitlosigkeit und Widerspruchsfreiheit.

2.3. Die Funktionsweisen des Primärvorganges kann man an Träumen, Fehlleistungen und auch am neurotischen Symptom studieren.

2.4. Beim manifesten Trauminhalt liegt eine entstellte Umwandlung des latenten Trauminhaltes vor.

2.5. Unter Traumarbeit versteht man die Gesamtheit der Mechanismen, die den latenten Trauminhalt in den manifesten Traum umwandeln. Diese Mechanismen bestehen in Verdichtung, Verschiebung sowie bildhafter symbolischer Darstellung. Das Ziel in der Traumarbeit ist die Entstellung in der Weise, daß der manifeste Trauminhalt bewußtseinsfähig wird.

2.6. Ein klinisches Beispiel für eine Verschiebung stellt die Phobie dar, bei der die innerseelische Angst auf eine äußere Situation verschoben wird und dadurch kann die Angst vermieden werden.

2.7. Der Traum hat die Möglichkeit, gewisse unerledigt gebliebene Wünsche halluzinatorisch zu erfüllen, ohne daß der Schlaf unterbrochen wird. Von daher bezeichnet man den Traum als den Hüter des Schlafes.

2.8. Der Trieb hat seine biologischen Wurzeln, seine somatische Quelle (erogene Zone) und seine psychischen Auswirkungen in Form des dranghaften Charakters. Das Triebziel ist die Befriedigung, die mittels eines Triebobjektes erreicht wird. Das Triebobjekt ist äußerst variabel.

2.9. Infantile Sexualität äußert sich z. B. im Daumensaugen des Säuglings, das völlig unabhängig von der Nahrungsaufnahme abläuft.

2.10. Das psychische Geschlecht ist von vornherein nicht festgelegt, sondern ist primär psychisch bisexuell angelegt. Es entwickelt sich und enthält auch die Möglichkeit von Fehlentwicklungen (Homosexualität).

2.11. Der Begriff Aggression leitet sich von adgredi (= an die Dinge herangehen) ab.

2.12. Die Aggression ist nicht primär ein destruktives Phänomen, sondern hat ebenfalls einen konstruktiven Ansatz.

2.13. Wenn z. B. in der frühen Kindheit die Umwelt »erobert« wird, dann muß das Kind »an die Dinge herangehen«, um die Gegenstände der Umwelt zu begreifen, es muß versuchen, sie zu bewältigen, sie handhabbar machen, sich ihrer bemächtigen. All das ist die Auswirkung einer konstruktiven Aggression.

2.14. Das Es wird als das Reservoir der primitiven Motive und Triebe angesehen.

2.15. Das Über-Ich repräsentiert Verbote und Gebote zunächst der Eltern und später des gesamten soziokulturellen Raumes.

2.16. Das Ich hat die Innenwelt mit der Außenwelt in Einklang zu bringen (Anpassung), und dies dient letzten Endes der Selbsterhaltung als übergeordnete Aufgabe.

2.17. Die Ich-Entwicklung erfolgt per Reifung und per Erfahrung.

2.18. Wichtige Ich-Funktionen stellen die Wahrnehmung, die Realitätsprüfung, die Erinnerung, das Denken, die Kontrolle über die Motorik dar. Auch die Abwehrmechanismen und die Bildung der Signal-Angst stellen wichtige Ich-Funktionen dar.

2.19. Bei der Anpassung kommt es darauf an, die Bedürfnisse des Organismus mit den Erfordernissen der Umwelt in Einklang zu bringen. Der Anpassungsbegriff beinhaltet sowohl die aktive Anpassung der Umwelt an die Bedürfnisse der Innenwelt (alloplastische Anpassung) als auch die autoplastische Anpassung. Die Neurose wäre dabei eine Sonderform der autoplastischen Anpassung.

2.20. Die Signalangst stellt deshalb eine wichtige Ich-Leistung dar, weil das Ich gelernt hat, eine Gefahr bereits vorwegzunehmen und mit entsprechenden Maßnahmen (Abwehrmechanismen) zu reagieren, bevor eine traumatische Situation überhaupt eingetreten ist.

2.21. Abwehrmechanismen sind keineswegs pathologische Mechanismen, sondern gehören zum normalpsychologischen Arsenal der Ich-Funktionen.

2.22. Z. B. die Spaltung als archaischer Abwehrmechanismus, die Verdrängung, die Verleugnung und die Projektion.

2.23. Der Begriff Narzißmus bedeutet abstrakt gesprochen energetische Besetzung des Selbst, praktisch gesehen hat es etwas mit der affektiven Beziehung zur eigenen Person zu tun, wird etwa als Wohlbehagen, Selbstwertgefühl etc. erlebt.

2.24. Das Ich ist eine psychische Instanz, die über bestimmte Funktionen verfügt und Aufgaben zu erfüllen hat, die mit dem Begriff der Anpassung und letztlich der Selbsterhaltung zu beschreiben sind. Das Selbst dagegen wird definiert als das Gesamt der Bilder und Vorstellungen (Repräsentanzen), die die eigene Person betreffen.

2.25. Das Modell für den narzißtischen Primärzustand stellt die pränatale Einheit zwischen Mutter und Kind dar, bei welchem ein Zustand von Harmonie, Behagen, Spannungsfreiheit, fragloser Sicherheit und Geborgenheit vorherrscht.

2.26. Der narzißtische Primärzustand erfährt eine »Urverunsicherung«, und aus dieser Frustration entwickelt sich die Konfiguration des Größen-Selbst und der idealisierten Objekte, mit dem eine Verschmelzung erfolgen kann. Aus dieser Konfiguration entwickeln sich dann schärfere Konturen eines Teils der eigenen Person als auch der anderen Objekte, zu denen man schließlich eine realitätsgerechte Beziehung aufnehmen kann.

2.27. Die Wiederbelebung des idealisierten Objektes finden wir beispielsweise in der idealisierenden Übertragung auf den Therapeuten wieder.

2.28. Die Grundlage der manifesten Neurose im Erwachsenenalter läßt sich zurückführen auf ungelöste Konflikte oder Fehlentwicklungen in den ersten Lebensjahren.

2.29. Freud unterscheidet die Phasen oral, anal und phallisch.

2.30. Die Einverleibung ist die vorherrschende Erlebniskategorie in der oralen Phase.

2.31. Die Erlebniskategorien des Hergebens – Zurückhaltens sowie Sich-gehenlassen – Sich-beherrschen, insgesamt autonomere Möglichkeiten der Triebbefriedigung, sowie der Umgang mit der Aggression treten in der analen Phase in den Vordergrund.

2.32. Der Begriff Penis bezeichnet das anatomische Organ, während Phallus die symbolische Bedeutung darstellt, etwas haben, worauf man stolz ist.

2.33. Die Libidoentwicklung schreitet von einem Organisationsniveau zum anderen fort und an bestimmten Stellen dieser Entwicklung entstehen Fixierungen. Fixierung bedeutet, daß die Bedürfnisse, die in dieser Phase zu kurz gekommen sind, weiterhin befriedigt sein wollen, auch wenn die Entwicklung längst fortgeschritten ist und von einer anderen Phase her und von der Umwelt ganz andere Bedürfnisse und Formen der Befriedigung gefordert werden. Fixierung kann auch auf einem besonders stabilen Punkt der psycho-sexuellen Organisation entstehen. Bei einer späteren Regression werden diese Fixierungspunkte wieder reaktiviert.

2.34. Die wichtigste Erlebniskategorie im ersten Lebensjahr ist nach Erikson der Erwerb des Urvertrauens.

2.35. Aus dem Phänomen der »Acht-Monatsangst« kann man schließen, daß bezüglich der Mutter ein stabiles inneres Erinnerungsbild aufgebaut wurde, so daß die Mutter z. B. von anderen Personen unterschieden werden kann. Die Angst deutet darauf hin, daß die Objektbeziehung aber noch sehr eng ist, denn es liegt hier eine Trennungsangst vor.

2.36. Die zu große Verwöhnung, die zu große Versagung (z. B. Ablehnung) und vor allen Dingen der Wechsel zwischen beiden kann sich auf die Entwicklung des Säuglings verheerend auswirken.

2.37. Das Übertragungsobjekt hat eine wichtige Bedeutung bei dem sehr langwierigen Prozeß der Selbst-Objekt-Differenzierung. Es handelt sich dabei meist um einen Lappen, den Zipfel einer Decke, ein Plüschtier und ähnliches. Sie stellen meist ein Muttersubstitut dar. Dieses Übergangsobjekt kann mal die Bedeutung eines völlig getrennten oder gar gehaßten Objektes bekommen, indem es sogar mißhandelt wird, es wird aber dann wiederum zum Selbst-Objekt, indem es als Mutter-Substitut mit dem Kind verschmelzen kann. Der Verlust des Übergangsobjektes bewirkt ängstliche Erregung und Trauer.

2.38. Margret Mahler unterscheidet in der Entwicklung der Objektbeziehung die autistische, die symbiotische und die Loslösungs-Individuationsphase. Die letzte Phase hat wiederum vier Subphasen; das Erreichen der Objektkonstanz gelingt normalerweise erst mit Vollendung des 3. Lebensjahres.

2.39. Symptomauslösende Situationen haben meistens den Charakter einer Versuchungs- oder Versagungssituation. Entweder wird also die Befriedigung bestimmter Triebimpulse dadurch versagt oder aber bisher stabil abgewehrte Triebimpulse werden drängend mobilisiert, können aber durch die Abwehr allein nicht gelöst werden, sondern es entwickelt sich die neurotische Symptomatik.

2.40. Dieser Satz besagt, daß Menschen enorme Schicksalsschläge verkraften können, ohne neurotisch zu dekompensieren. Die Frage, ob sich eine Neurose ausbildet oder nicht, hängt also im wesentlichen mit strukturellen Gegebenheiten zusammen, die sich seit der frühen Kindheit entwickelt haben.

3.1. Patienten, die an einer Herzneurose leiden, neigen zu stark anklammernder Übertragungsbeziehung.

3.2. Bei der Angstneurose ist die Angst frei flottierend, während bei der Phobie eine Furcht vor bestimmten Situationen vorliegt. Es handelt sich dabei um eine Weiterverarbeitung der Angst mit dem Vorteil, daß sie vermieden werden kann.

3.3. Herzneurotische Anfälle treten meist in Ruhe bzw. bei drohender Trennung auf, daran erkranken meist jüngere Patienten (zwischen 20 und 40 Jahren), und diese Patienten neigen sehr zur Schonhaltung und zu hypochondrischen Beobachtungen ihres Herzens. Bei der Angina pectoris handelt es sich meist um ältere Patienten (eher über 40 Jahre), die Anfälle treten meist nach körperlicher Anstrengung auf und Angina-pectoris-Patienten neigen weniger zur Schonhaltung.

3.4. Beim Herzneurotiker sind Coronartherapeutika nicht aus pharmakologischen, sondern aus psychologischen Gründen kontraindiziert. Der Patient kann beim Lesen der Beschreibung dem Arzt, der ihm gesagt hat, es läge keine körperlich bedingte Störung vor, einfach nicht mehr glauben und vertrauen.

3.5. Bei Tranquilizern besteht auf Dauer die Gefahr, daß es mindestens zu einer psychischen Abhängigkeit kommt.

3.6. Der Herzneurose liegen Trennungskonflikte zugrunde.

3.7. Herzneurotische Patienten erkranken später eher seltener an Herzinfarkt- oder Kreislauferkrankungen als der statistische Durchschnitt anderer Neurotiker oder sogenannter Normalpersonen.

3.8. Beim hypochondrischen Symptom stehen ängstliche und besorgte Gedanken um die eigene Gesundheit im Vordergrund. Das Angstobjekt ist dabei in den eigenen Körper gerückt. Neben der Angstverarbeitung liegt auch eine narzißtische Störung vor.

3.9. Die hysterische Neurose manifestiert sich klinisch in Form von hysterischen

Anfällen, Konversionssymptomen, sexuellen Funktionsstörungen und eventuell Bewußtseinsstörungen.

3.10. Bei den Konversionssymptomen handelt es sich um psychogene Symptome mit Ausdruckscharakter. Ein Organ oder ein Organsystem wird dazu benutzt, um seelische Inhalte in symbolischer oder verzerrter Form auszudrücken.

3.11. Zwangsneurotische Symptome kommen in Form von Zwangsgedanken, Zwangsvorstellungen, Zwangsimpulsen und Zwangshandlungen vor.

3.12. Zwangssymptome kommen nicht nur bei der Zwangsneurose vor, sondern auch bei Intoxikationen, Encephalitiden und bei Psychosen.

3.13. Bei der Zwangsneurose spielen die Abwehrmechanismen der Isolierung und des Ungeschehenmachens eine wichtige Rolle.

3.14. Das depressive Syndrom ist gekennzeichnet durch eine niedergedrückte Stimmung, eine Hemmung des Antriebserlebens, dazu kommen Minderwertigkeitsgefühle, Neigung zu Selbstvorwürfen und vegetative Beschwerden, wie Schlaflosigkeit, Obstipation und Libidoverlust.

3.15. Bei der Trauer liegen die niedergedrückte Stimmung, die Hemmung des Antriebs sowie eventuell die vegetativen Symptome vor; es fehlt im allgemeinen das völlig herabgesetzte Selbstwertgefühl und die Neigung zu Selbstanklagen.

3.16. Die durch Frustration entstehende Aggression kann wegen einer noch symbiotischen Objektbeziehung nicht gegen das eigentliche Objekt gerichtet werden, sondern erfährt eine Wendung gegen die eigene Person.

3.17. Bei der neurotischen Depression lassen sich meist Verlusterlebnisse oder narzißtische Kränkungen als auslösende Situation nachweisen.

3.18. Die Borderline-Diagnose setzt sich aus phänomenologischen, strukturellen und ontogenetischen Kriterien zusammen.

3.19. Einige typische Borderline-Symptome sind eine chronische, frei flottierende Angst, ferner Impulsdurchbrüche, Zwangssymptome, die episodenhaft Ichsynton werden und dissoziative Reaktionen. Insgesamt liegt eine sehr wechselnde Symptomatik vor.

3.20. Ein wesentliches differential-diagnostisches Kriterium besteht darin, daß beim Borderline-Syndrom die Fähigkeit zur Realitätsprüfung meist erhalten bleibt. Bei der Schizophrenie ist diese Fähigkeit nicht mehr gegeben.

3.21. Der Abwehrmechanismus der Spaltung (Splitting) in Verbindung mit der projektiven Identifizierung ist beim Borderline-Syndrom ganz typisch.

3.22. Die schizoide, die depressive, die zwanghafte und die hysterische Neurosenstruktur.

4.1. Die psychoanalytische Grundregel besteht darin, daß der Patient frei assoziiert, d. h., daß er alles sagt, was er denkt und empfindet, was er phantasiert ohne auszuwählen und ohne auszulassen, auch wenn ihm diese Mitteilung unangenehm, unwichtig und nicht zur Sache gehörig erscheint.

4.2. Unter Abstinenzregel versteht man die Zurückhaltung des Analytikers im Befriedigen der neurotischen Bedürfnisse des Patienten. Der Patient soll auch die reale Person des Analytikers möglichst wenig erleben, damit sich die Übertragungsneurose optimal entfalten kann.

4.3. Dabei überträgt der Patient Triebimpulse, Wünsche, Ängste, Abwehrhaltungen auf den Analytiker, die eigentlich einer früheren Bezugsperson galten. Die Realität wird dadurch verzerrt erlebt. Die Übertragung ist also eine Wiederholung, die Neuauflage einer alten Objektbeziehung.

4.4. Unter dem Begriff des Widerstands faßt man alle Kräfte des Patienten zusammen, die sich in den Verfahren und dem Prozeß der Analyse entgegenstellen. Am ehesten kann man den Widerstand dadurch erkennen, daß der Assoziationsfluß des Patienten behindert ist.

4.5. Beim Arbeitsbündnis verbinden sich die gesunden Ich-Anteile des Patienten mit dem therapeutischen Anliegen des Analytikers, um gemeinsam den analytischen Prozeß voranzubringen.

4.6. Der psychoanalytische Prozeß spielt sich mindestens auf einer interaktionellen, einer emotionalen und einer kognitiven Ebene ab.

4.7. Das Gemeinsame bei dem psychoanalytisch orientierten Verfahren im Unterschied zur Psychoanalyse besteht darin, daß das Setting je nach Erfordernissen geändert wird. Dies geschieht z. B. in der Fokal-Therapie oder der Kurzpsychotherapie, außerdem bei der Krisenintervention und auch bei der Behandlung von strukturellen Ich-Störungen.

4.8. Bei der Gesprächspsychotherapie kommt es auf die reale Beziehung zwischen Klient und Therapeut an, bei der psychoanalytischen Therapie wird die optimale Entfaltung der Übertragungsbeziehung angestrebt.

4.9. Dies ist ein wesentliches technisches Vorgehen bei der Gesprächspsychotherapie, indem durch die empathische Grundhaltung die emotionalen Inhalte verstanden und dann verbalisiert werden.

4.10. Die Echtheit, die emotionale Zuwendung und die Empathie sind als therapeutische Grundhaltung von besonderer Wichtigkeit.

4.11. Alle Psychosen und paranoide Symptome, ferner schwer hysterisch strukturierte Persönlichkeiten stellen für die Hypnose-Therapie eine Kontraindikation dar.

4.12. Vor allen Dingen bei funktionellen Störungen, ferner bei Angstsymptomen, Schlafstörungen und Schmerzsyndromen sind Suggestivverfahren besonders indiziert.

4.13. Die Verhaltenstherapie basiert auf den Lerntheorien.

4.14. Z. B. Phobien.

4.15. Das therapeutische Team auf einer Psychotherapiestation setzt sich aus Ärzten, Psychologen, Krankenschwestern, Beschäftigungstherapeuten und Sozialarbeitern zusammen.

4.16. Schwergestörte Patienten, z. B. schizoide Neurosen, narzißtische Neurosen und Borderline-Erkrankungen, ferner psychosomatische Krankheiten, wie Anorexia nervosa, Colitis ulcerosa u. a., ferner Patienten, bei denen eine sehr belastende häusliche Konfliktsituation besteht.

4.17. Gefahren der stationären Psychotherapie liegen einmal in der unkritischen Polypragmasie, die beim Patienten ein Widerstandsverhalten fördern kann, ferner in einem Verwöhnungseffekt, indem sich der sekundäre Krankheitsgewinn verstärken kann.

5.1. Z. B. die Selbstbeurteilung des Patienten auf sogenannten Beschwerdelisten vor und nach der Therapie. Ferner psychodiagnostische Verfahren, wie MMPI, FPI und Gießen-Test, sowie die Prüfung bestimmter sozialer Daten, wie Krankenhausaufenthalte und Arbeitsunfähigkeit vor und nach der Therapie.

5.2. Im allgemeinen kann man davon ausgehen, daß mindestens zwei Drittel aller Patienten auf der Symptomebene eine Besserung erfahren.

5.3. Prognostisch günstige Kriterien einer Neurose sind z. B. ein hoher Leidensdruck des Patienten, eine relativ kurze Dauer der Symptomatik (unter einem

Jahr), eine eher »lärmende« Symptomatik und die gute Motivation des Patienten zur Therapie.

5.4. Die psychoanalytische Behandlung ist eher auf die Veränderung der strukturellen Hintergründe abgestellt, womit den Symptomen der Boden entzogen wird. Bei der Erfolgskontrolle der psychoanalytischen Behandlung kommt es deshalb zusätzlich auf Messung der Einstellungsänderungen an.

5.5. Freud gab als Kriterien des Behandlungserfolges die Liebesfähigkeit, Arbeitsfähigkeit und Genußfähigkeit an.

Glossar

Abstinenzregel: Behandlungsregel der psychoanalytischen Therapie, bei der der Therapeut sich äußerst zurückhält, die neurotischen Bedürfnisse des Patienten zu befriedigen. Sie dient der Entfaltung der Übertragungsbeziehung und ist die Voraussetzung für das Durcharbeiten der neurotischen Wünsche.

Abwehr: intrapsychische Mechanismen, die das Ich gegen Gefahren vom Trieb, vom Über-Ich und vor der äußeren Realität schützen.

Adoleszenz: Jugendzeit, mehr unter dem Aspekt der geistig-seelischen Entwicklung.

Affekt: intensives Gefühl, innere Erregung.

Agieren: bezeichnet ein Verhalten des Patienten, bei dem er unbewußte Wünsche und Konflikte in Handlung umsetzt und unreflektiert auslebt.

Agoraphobie: unbegründete Furcht, einen freien Platz zu überqueren.

alloplastisch: Die Veränderung anderer bzw. der Umwelt betreffend.

Amenorrhoe: Ausbleiben der monatlichen Regelblutung

Amnesie: Erinnerungslosigkeit

anaklitische Depression (Spitz): »Anlehnungsdepression«, schweres Syndrom bei Säuglingen, die längere Zeit von der Mutter getrennt waren, sich emotional nicht »anlehnen« konnten.

Anamnese: Erinnerung, Vorgeschichte.

Anamnese, biographische: Vorgeschichte eines Patienten, die neben den Krankheitszeichen auch seine Lebensgeschichte und soziale Situation mitberücksichtigt.

anankastisch: zwanghaft.

Anorexia nervosa: Magersucht, psychosomatisches Krankheitsbild mit schwerer Eßstörung.

Anpassung: Wechselseitiger Prozeß zwischen Individuum und Umwelt mit der Fähigkeit des Individuums, sich innerhalb bestimmter Grenzen an Veränderungen der Umwelt anzupassen, aber auch die Umwelt gezielt nach eigenen Bedürfnissen umzugestalten.

Aphonie: Stimmlosigkeit, häufig als psychogenes Symptom.

Arbeitsbündnis: Fähigkeit des Patienten in der Behandlungssituation gemeinsam mit dem Therapeuten zweckgerichtet zu arbeiten (Greenson).

Arc de cercle: »Kreisbogen«, charakteristische Körperhaltung bei hysterischen Anfällen, die man früher häufiger beobachtete und bei denen meist ein sexueller Konflikt durch die Körperhaltung ausgedrückt wurde.

archaisch: ursprünglich »primitiv«, entwicklungsgeschichtlich früh.

autistisch: sich auf sich selbst zurückziehend.

Autonomie: Selbständigkeit, Eigenständigkeit.

autoplastisch: eigene Veränderung betreffend.

Aversionstherapie: Form der Verhaltenstherapie, bei der unerwünschtes Verhalten

z. B. mit einem Schmerzreiz systematisch gekoppelt wird, wodurch es schließlich zum Verschwinden des falschen Verhaltensmusters kommt.

Biographie: Lebensgeschichte eines Menschen.

Borderline-Syndrom: psychische Störung, die im Grenzbereich zwischen Neurose und Psychose angesiedelt ist. Sie zeichnet sich durch vielfältige, häufig unklare und wechselnde Symptome aus. Ihr liegen bestimmte, in der frühen Kindheit entstandene, strukturelle Ich-Störungen zugrunde.

Depersonalisation: psychischer Vorgang, bei dem das Gefühl entsteht, das eigene Ich oder auch eigene Körperteile seien fremdartig.

Derealisation: Fremdheitsgefühl, Gefühl, die Umgebung sei fremd geworden.

Determinismus: Lehre von der kausalen Bestimmtheit allen Geschehens.

Dysmorphophobie: Mißgestaltsfurcht.

Dyspareunie: schmerzhafter Geschlechtsverkehr.

Empathie: Fähigkeit zu einfühlendem Verstehen.

Empirie: Erfahrung.

empirische Wissenschaft: in der Erkenntnis spielt in dieser Wissenschaft die Erfahrung die entscheidende Rolle.

enterozeptiv: Wahrnehmung, die sich auf das Innere des Körpers (auf die Eingeweide) bezieht.

Es: psychische Instanz, Reservoir der Triebregungen und archaischer Wunschvorstellungen. Funktioniert nach dem Primärvorgang, Inhalte sind unbewußt.

Ethologie: Wissenschaft vom Verhalten der Tiere.

Fixierung: Festhalten an einem bestimmten Entwicklungsstand und damit teilweiser Stillstand der Entwicklung der libidinösen und aggressiven Triebe oder des Ichs.

Fokaltherapie: abgekürztes, psychoanalytisches Therapieverfahren, bei dem nur ein besonders wichtiger Erlebniskomplex (Fokus) analysiert wird.

Fusion: Verschmelzung

Gegenübertragung: gefühlsmäßige Reaktion eines Therapeuten auf Übertragung des Patienten.

Grundregel, analytische: Behandlungsregel der psychoanalytischen Therapie, bei der sich der Patient bemüht, alles was ihm in den Sinn kommt, auch wenn es unangenehm, unsinnig oder unwichtig erscheint, mitzuteilen. Dient dem therapeutischen Prozeß, unbewußte Zusammenhänge und Hintergründe des Verhaltens aufzuspüren.

Homöostase: Gleichgewichtszustand des inneren Milieus.

Hospitalismus: jede Form, vor allem von seelischer Störung, z. B. bei Kindern, die sich nach langem Krankenhausaufenthalt entwickelt.

Hyperventilationstetanie: seelisch bedingte, funktionelle Störung, bei der es zu einer übermäßigen Steigerung der Atmung kommt mit krampfhaften Körperhaltungen wie beim Starrkrampf.

Hypnose: durch Suggestion herbeigeführter schlafähnlicher Zustand.

Hypochondrie: ängstlich-besorgtes Gefühl an Krankheiten zu leiden, ohne organpathologische Grundlage.

Hysterie: seelisch bedingtes Krankheitsbild mit einer oft vielfältigen und schillernden Symptomatik. Der Persönlichkeit liegt eine Labilität des Selbstbildes zugrunde. Symptome sind meist Konversionssymptome und sexuelle Funktionsstörungen.

hysterisch: bezeichnet ein Verhalten, welches übertrieben, dramatisch, theatralisch und meist unecht wirkt.

Ich: intrapsychische Instanz, die vor allem die Anpassungsvorgänge zwischen Individuum und äußerer Realität reguliert und somit letztlich der Selbsterhaltung dient.

Ich-Ideal: Instanz der Persönlichkeit, die aus positiven Identifizierungen mit den Eltern und kollektiven Idealen stammt. Es stellt eine Art Vorbild dar, nach dem man selbst ständig strebt.

Identifikation: unbewußter Vorgang, durch welchen man jemand anderem ähnlich sein möchte.
Identität: die als »Selbst« erlebte innere Einheit der eigenen Person in Abgrenzung zu anderen Personen, »das Gefühl, daß man ist« (M. Mahler).
Individuation: psychologischer Reifungsprozeß, der zur Selbstfindung führt.
Instinkt: angeborene Reaktions- und Verhaltensbereitschaft.
Interaktion: gefühlsmäßige Wechselbeziehung, z. B. zwischen Patient und Therapeut.
Intervention: Eingriff in ein Gespräch, z. B. durch eine Frage oder eine Deutung.
Interview: Unterredung, Form eines Gesprächs, um Material für die Diagnose zu bekommen.
Introjektion: Einverleibung.
Introspektion: Beobachtung eigener seelischer Vorgänge.
Isolierung: Abwehrmechanismus, bei dem unliebsame Vorstellungen von dem begleitenden Affekt getrennt werden, wodurch auch die assoziative Verknüpfung der Vorstellung unterbrochen wird. Die Vorstellung steht dann unbedeutend, isoliert da.
Kastration: Entmannung, im psychoanalytischen Sinn Beschädigung, Verletzung.
Kastrationsangst: Angst, daß etwas, worauf man stolz ist, beschädigt oder verletzt wird.
Koenästhetisch: die Körperempfindung betreffend.
Konstrukt: Kunstname für die Beschreibung von Dingen, die nicht konkret beobachtbar sind, aber erschlossen werden können.
Konversionssymptome: seelisch bedingte Symptome, z. B. psychogene Lähmungen, bei denen das Organ benutzt wird, um seelische Inhalte daran oft symbolisch auszudrücken. Die Triebenergie wird dabei nach Freud ins Körperliche »konvertiert«.
Libido: Begierde, dynamische Kraft des Sexualtriebes (Freud), unspezifische psychische Energie (C. G. Jung).
Marasmus: allgemeiner seelisch-körperlicher Kräfteverfall.
magisch: bezeichnet eine seelische Funktionsweise, bei der die psychische Realität in Form von Wünschen oder Phantasien entscheidend ist. Ein Todeswunsch wird (meist unter starken Schuldgefühlen) als realisiert erlebt, wenn z. B. der Betreffende aus anderen Gründen erkrankt oder stirbt. Magisch steht im Gegensatz zum Logisch-Rationalen.
Melancholie: Syn. für Depression.
Narzißmus: bezeichnet ein psychologisches Theoriensystem, welches sich mit der Ausstattung und der Beziehung zum eigenen Selbst befaßt.
nosologisch: die systematische Einordnung von Krankheiten betreffend.
Objekt: z. B. Person, Gegenstand, Ideal, Phantasie, zu dem eine Beziehung bestehen kann.
ödipale Situation: als normaler Entwicklungsschritt auftretende triadische Beziehung zwischen Kind-Mutter-Vater, bei der das Kind um den gleichgeschlechtlichen Elternteil wirbt und mit dem andersgeschlechtlichen rivalisiert.
omnipotent: allmächtig.
Partialtriebe: Einzeln in Erscheinung tretende Triebe (orale, anale, phallische), die sich später unter dem Primat der genitalen Triebe organisieren und integrieren.
Phallus: männliches Glied, Symbol der Kraft, Symbol für das, was man hat und worauf man stolz ist.
Phobie: neurotische Störung, die mit unbegründeter Furcht vor bestimmten Situationen oder Objekten einhergeht.
Primärvorgang (auch Primärprozeß): Organisations- und Wirkungsprinzip des unbewußten Seelenlebens (Peters).
Projektion: Abwehrmechanismus, bei dem eigene verpönte Impulse, Vorstellungen etc. in die Außenwelt verlagert werden und häufig dort bekämpft werden.
projektive Identifizierung: Abwehrmechanismus, bei dem aggressive Impulse auf

ein äußeres Objekt projiziert werden. Es besteht jedoch gleichzeitig eine Identifizierung mit diesem Objekt, so daß davon ständig eine Bedrohung erlebt wird.

phylogenetisch: stammesgeschichtlich.

Psychoanalyse: 1. Verfahren zur Untersuchung tiefenpsychologischer Vorgänge, 2. Behandlungsmethode seelischer Störungen, 3. wissenschaftliches Theoriengebäude.

Psychosomatik: Fachgebiet, welches sich mit seelisch (mit-)bedingten Körperstörungen befaßt.

Psychotherapie: Behandlung seelischer Störungen durch gezielte seelische Einflußnahme.

Reaktionsbildung: Abwehrmechanismus, aus dem Verhaltensweisen und Wünsche resultieren, die der abzuwehrenden Triebregung entgegengesetzt sind, z. B. latent aggressive Wünsche – überfreundliches Verhalten.

Regression: »Rückschritt«, Wiederauftreten von entwicklungsmäßig früheren (infantilen) Verhaltensweisen (Peters).

Repräsentanz: innerseelischer Anteil, der aus Erfahrung mit Trieben (Trieb-Repräsentanz), Objekten (Objekt-Repräsentanz) oder der eigenen Person (Selbst-Repräsentanz) resultiert.

rudimentär: nicht voll ausgebildet, nicht voll entwickelt.

Selbst: Gesamt der inneren Bilder, Vorstellungen und Erinnerungen, die eigene Person betreffend.

Selbst-Repräsentanz: Anteile (Vorstellungen, Bilder, Erinnerungen der eigenen Person.

Setting: Rahmen, äußere Bedingungen, z. B. bei einem Interview oder bei einer Behandlung.

Spaltung: frühkindliche Reaktion auf die Erfahrung von Frustration und Aggression, indem die Mutter in eine gute und böse Repräsentanz aufgespalten wird (M. Klein). Die gute Repräsentanz bleibt mit dem Selbst verbunden, während die böse nach außen projiziert wird. Als Abwehrmechanismen und auch als Form der Übertragung kommt die Spaltung beim Borderline-Syndrom vor, bei der die Welt und vor allem die Menschen nur als ganz gut oder als ganz schlecht erlebt werden können. Es resultiert eine wechselhafte Schwarz-Weiß-Malerei.

Suggestion: gezielte geistig-seelische Einflußnahme.

Symbiose: »Zusammenleben«. Entwicklungsphase des Säuglings, bei der er von der Mutter körperlich und psychisch total abhängig ist und die Mutter von seinem eigenen Selbst nicht oder kaum unterscheiden kann.

Symbol: Kennzeichen für »festgelegte allgemein gültige Beziehungen zwischen bestimmten Es-Inhalten und bestimmten bewußten Wort- oder Sachvorstellungen« (A. Freud).

taktil: den Tastsinn betreffend.

Topik: Örtlichkeit, Modellvorstellung von psychischen Lokalitäten, z. B. das Unbewußte.

topographisch: örtlich, dahinter steckt die Modellvorstellung von psychischen Lokalitäten.

Trauerarbeit: innerseelischer Vorgang, der auf den Verlust eines Beziehungsobjektes folgt und wodurch es gelingt, sich progressiv von diesem abzulösen (Laplanche).

Traumarbeit: alle Vorgänge, die zur Umwandlung des latenten in den manifesten Trauminhalt dienen.

Trauminhalt, latenter: hinter dem manifesten Traum steckende Vorstellungsinhalte.

Trauminhalt, manifester: Traum, wie ihn der Träumer erlebt bzw. aus der Erinnerung schildern kann.

Triebe: innerseelische, zielgerichtete Strebungen, die im Dienst bestimmter Funktionen stehen. In der Psychoanalyse spielen Libido und Aggressionstrieb eine wesentliche Rolle, die das Verhalten letztlich bestimmen.

Übergangsobjekt (Winnicott): Ein Gegenstand, wie Zipfel einer Decke, Lappen, Plüschtier u.a., dem das Kleinkind eine bestimmte Bedeutung, meist eines Muttersubstituts, verleiht. Spielt im Übergang zwischen Subjekt-Objekt-Differenzierung eine wesentliche Rolle.
Über-Ich: psychische Instanz, »Vertretung aller moralischen Beschränkungen und Anwalt des Strebens nach Vervollkommnung« (Freud).
Übertragung: nicht realitätsgerechte gefühlshafte Einstellung auf einen Menschen, die aus einem frühkindlichen Beziehungsmuster stammt.
Ungeschehenmachen: Abwehrmechanismus, bei der eine Handlung resultiert, die eine andere vermeintliche Handlung aufheben soll. Der Waschzwang z.B. versucht die vermeintliche Beschmutzung aufzuheben und somit ungeschehen zu machen.
Verdichtung: innerseelischer Vorgang, durch den verschiedene Vorstellungen, die etwas Gemeinsames haben, zu einer einzigen Vorstellung verschmelzen (z.B. Mischperson im Traum).
Verdrängung: Abwehrmechanismus, durch den z.B. nicht akzeptable Triebwünsche in Form von Vorstellungen aus dem Bewußtsein ins Unbewußte abgedrängt werden.
Verhaltenstherapie: Psychotherapieform, die auf Lerntheorien basiert.
Verleugnung: Abwehrmechanismus, bei dem traumatisch wirkende Sinneseindrücke (meist die äußere Realität betreffend) nicht wahrgenommen, verleugnet werden.
Verschiebung: Vorgang, bei dem die Intensität einer Vorstellung auf eine andere, vorher unbedeutende Vorstellung, übergeht. Voraussetzung ist die Dissoziation von Affekt und Vorstellung.
viszeral: die Eingeweide betreffend.
Widerstand: alle Kräfte im Patienten, die sich den Verfahren und Prozessen in der psychoanalytischen Therapie entgegenstellen (Greenson).

Literaturverzeichnis

Abraham, K.: Psychoanalytische Studien 1 und 2, Hg. v. Cremerius. Frankfurt: S. Fischer 1969, 1971

Akiskal, H. S., und McKinney, Jo. W. T.: Overview of recent research in depression, Arch. Gen. Psychiat. 32, 1975, 285–305

Adler, R.: Anamneseerhebung in der psychosomatischen Medizin. In: v. Uexküll, Th. (Hrsg.), Lehrbuch der psychosomatischen Medizin. München: Urban und Schwarzenberg 1979

Argelander, H.: Das Erstinterview in der Psychotherapie. Darmstadt: Wiss. Buchgesellschaft 1970.

Argelander, H.: Ein Versuch zur Neuformulierung des primären Narzißmus. Psyche, 25, 1971 359–373

Badura, H. O.: Vergleichende Untersuchungen von Persönlichkeitsvariablen bei Versagern im autogenen Training mit Hilfe des MMPI. Psychother. med. Psychol. 23 (1973) 200–205

Badura, H. O.: Die Beurteilung von Leidensdruck und bewußter Motivation zur Psychotherapie aus dem Erstinterview. Psychother. med. Psychol. 25 (1975), 198–202

Badura, H. O.: Darstellung von Faktoren der Indikation und Eignung zur Psychotherapie mittels Pfadanalyse. Nervenarzt 47, 232–235 (1976)

Badura, H. O.: Beitrag zur differentialdiagnostischen Validität des MMPI zur Prognose der Effizienz des autogenen Trainings, Arch. Psychiat. Nervenkr. 224 (1977), 389–394

Balint, M.: Therapeutische Aspekte der Regression. Stuttgart: Klett 1970
Balint, M., Ornstein, P. H., Balint, E.: Fokaltherapie. Frankfurt: Suhrkamp 1973
Balint, M. und E.: Psychotherapeutische Techniken in der Medizin. Bern, Stuttgart: Huber, Klett 1980
Bally, G.: Einführung in die Psychoanalyse Sigmund Freuds. Hamburg: Rowohlt 1970
Bandura, A.: Social learning through imitation. In: Jones, M. R. (Hrsg.), Nebraska Symposion on motivation, 1962. Lincoln: University of Nebraska Press 1962
Beck, D.: Die Kurzpsychotherapie. Bern, Stuttgart, Wien: Huber 1974
Beese, F.: Klinische Psychotherapie. In: Die Psychologie des 20. Jahrh., Bd. III. Zürich: Kindler 1977
Bellak, L., Small, L.: Kurzpsychotherapie und Notfallpsychotherapie. Frankfurt: Suhrkamp 1972
Becker, A.: Über die psychoanalytische Theorie des Traumes. In: Die Psychologie des 20. Jahrh., Zürich: Kindler 1976
Bibring, E.: Das Problem der Depression. Psyche 4, 1952, 81–101
Blanck, G., Blanck, R.: Angewandte Ich-Psychologie. Stuttgart: Klett-Cotta 1978
Blanck, G., Blanck, R.: Ich-Psychologie II. Stuttgart: Klett-Cotta 1980
Bowlby, J.: Grief and mourning in infancy and early childhood. Psychoanal. Study Child 15, 1960, 9–52
Bräutigam, W.: Reaktionen, Neurosen, Psychopathien. Stuttgart: Thieme 1968
Bräutigam, W.: Zur Dokumentation psychosomatischer und neurotischer Krankheiten, Zschr. psychosom. Med. 26, 301–315
Brenner, Ch.: Grundzüge der Psychoanalyse. Frankfurt: Fischer 1962
Clauser, G.: Lehrbuch der biographischen Analyse. Stuttgart: G. Thieme 1963
Clauser, G.: Psychotherapie Fibel. Stuttgart: G. Thieme 1967
Cremerius, J.: Die Beurteilung des Behandlungserfolges in der Psychotherapie. Berlin, Göttingen, Heidelberg: Springer 1962
Degkwitz, R., Helmchen, H., Kokott, G., Mombour, W.: Diagnoseschlüssel und Glossar psychiatrischer Krankheiten, 9. Revision der ICD. Berlin, Heidelberg, New York 1980
Dührssen, A., Jorswieck, E.: Eine empirisch-statistische Untersuchung zur Leistungsfähigkeit psychoanalytischer Behandlung. Der Nervenarzt 36/4, 166–169, 1965
Eicke, D.: Angst, Konzepte der Freud'schen psychoanalytischen Richtung. In: Die Psychologie des 20. Jahrh. II. Zürich: Kindler 1976
Eicke-Sprengler, M.: Zur Entwicklung der psychoanalytischen Theorie der Depression. Psyche 12, 1972, 1079–1125
Elhardt, S.: Aggression als Krankheitsfaktor. Göttingen: Vandenhoeck u. Ruprecht 1979
Elhardt, S.: Tiefenpsychologie. Eine Einführung. Stuttgart: Kohlhammer 1971
Engel, G. L.: Psychisches Verhalten in Gesundheit und Krankheit. Bern: Huber 1970
Erikson, E. H.: Kindheit und Gesellschaft. Stuttgart: Klett 1957
Erikson, E. H.: Identität und Lebenszyklus. Frankfurt: Suhrkamp 1966
Ermann, M.: Zur Psychotherapie strukturell ich-gestörter Angstpatienten. In: Psychotherapie in der Psychiatrie. Berlin, Heidelberg, New York: Springer 1982
Ernst, K.: Die Prognose der Neurosen. Berlin, Göttingen, Heidelberg: Springer 1959
Eysenck, H. J.: The effects of psychotherapie. Intern. J. Psychiat. 1965, 1, 99–142
Feldhege, F. J., Krauthan, G.: Verhaltenstrainingsprogramm zum Aufbau sozialer Kompetenz. Berlin, Heidelberg, New York: Springer 1979
Fenichel, O.: The psychoanalytic Theory of Neurosis. New York: Norton+Company Inc. 1945
Fischer, R.: Die klassische und die ichpsychologische Theorie der Depression. Psyche 10, 1976, 924–946

Freud, A. (1936): Das Ich und die Abwehrmechanismen. München: Kindler Taschenbuch 20001 1973
Freud, S. (1887–1902): Aus den Anfängen der Psychoanalyse. Frankfurt: S. Fischer 1962
– (1895): Studien über Hysterie. Gesammelte Werke I. Frankfurt: S. Fischer
– (1900): Die Traumdeutung. Gesammelte Werke II/III
– (1905): Drei Abhandlungen zur Sexualtheorie. Gesammelte Werke V
– (1909): Analyse der Phobie eines fünfjährigen Knaben. Gesammelte Werke VII
– (1911): Formulierungen über zwei Prinzipien des psychischen Geschehens. Gesammelte Werke VIII
– (1914): Zur Einführung des Narzißmus. Gesammelte Werke X
– (1915a): Die Verdrängung. Gesammelte Werke X
– (1915b): Triebe und Triebschicksale. Gesammelte Werke X
– (1915c): Das Unbewußte. Gesammelte Werke X
– (1917): Trauer und Melancholie. Gesammelte Werke X
– (1916–1917): Vorlesungen zur Einführung in die Psychoanalyse. Gesammelte Werke XI
– (1920): Jenseits des Lustprinzips. Gesammelte Werke XIII
– (1923): Das Ich und das Es. Gesammelte Werke XIII
– (1923): Psychoanalyse und Libidotheorie. Gesammelte Werke XIII
– (1926): Hemmung, Symptom und Angst. Gesammelte Werke XIV
Frosch, J.: The psychotic character: Clinical psychiatric considerations. Psychiat. Quart. 38, 81, 1969
Fürstenau, P.: Probleme der vergleichenden Psychotherapieforschung. Psyche 26 (1972), 423–462
Graumann, C. F.: Motivation. In: Einführung in die Psychologie. Bern: Huber 1969
Greenson, R. R.: Technik und Praxis der Psychoanalyse. Stuttgart: Klett 1973
Grinker, R. R., Werble, B., Drye, R.: The borderline syndrome. New York: Basic Books 1968
Grunberger, B.: Vom Narzißmus zum Objekt. Frankfurt: Suhrkamp 1976
Hartmann, H.: Essays on Ego Psychologie. New York: Int. Univ. Press 1964
Hartmann, H.: Ich-Psychologie und Anpassungsproblem. Stuttgart: Klett 1970
Hartmann, H.: Die Grundlagen der Psychoanalyse. Stuttgart: Klett 1972
Heigl, F.: Indikation und Prognose in Psychoanalyse und Psychotherapie. Göttingen: Vandenhoeck u. Ruprecht 1972
Heimann, P.: Bemerkungen zur analen Phase. In: Die Psychologie des 20. Jahrhunderts. II. Zürich: Kindler 1976
Heising, G., und Möhlen, K.: Die »Spaltungsübertragung« in der Klinischen Psychotherapie. Psychother. med. Psychol. 30 (1980), 70–76
Henseler, H.: Zur Entwicklung und Regulation des Selbstwertgefühls. In: Ohlmeier, D. (Hrsg.), Psychoanalytische Entwicklungspsychologie. Freiburg: Rombach 1973
Henseler, H.: Die Theorie des Narzißmus. In: Die Psychologie des 20. Jahrh. II. Zürich: Kindler 1976
Henseler, H.: Der psychoanalytische Beitrag zum Suicidproblem. In: Die Psychologie des 20. Jahrh. II. Zürich: Kindler 1976
Hertz, D. G., Molinski, H.: Psychosomatik der Frau. Berlin, Heidelberg, New York: Springer 1980
Hilpert, H., Schwarz, R., Beese, F.: Psychotherapie in der Klinik. Berlin, Heidelberg: Springer 1981
Hoch, P. H., Polatin, P.: Pseudoneurotic forms of schizophrenia. Psychiat. Quart. 23, 248, 1949
Hoffmann, S. O., Hochapfel, G.: Einführung in die Neurosenlehre und psychosomatische Medizin. Stuttgart, New York: Schattauer 1978 (Uni-Taschenbücher 951)

Holder, A.: Der Ödipuskomplex. In: Die Psychologie des 20. Jahrh. II. Zürich: Kindler 1976
Holder, A.: Freuds Theorie des psychischen Apparates. In: Eicke, D. (Hrsg.), Psychologie des 20. Jahrh. II. Zürich: Kindler 1976
Jacobson, E.: The self and the object world. New York: Int. Univ. Press 1964
Jacobson, E.: Depression. New York: Int. Univ. Press 1971
Joffee, W. G., Sandler, J.: Über einige begriffliche Probleme im Zusammenhang mit dem Studium narzißtischer Störungen. Psyche 21, 1967, 152–165
Jones, M.: The therapeutie community. New York: Basic Books 1953
Kächele, H.: Beurteilung des Behandlungserfolges in der Psychotherapie. In: Materialien zur Psychoanalyse und analytisch orientierten Psychotherapie. Göttingen: Vandenhoeck u. Ruprecht 1975
Kernberg, O.: Borderline-Störungen und pathologischer Narzißmus. Frankfurt: Suhrkamp 1978
Kielholz, P.: Diagnose und Therapie der Depressionen für die Praktiker. München: Lehmann 1971
Kind, H.: Psychiatrische Untersuchung. Heidelberg: Springer 1979
Klein, M.: Die Psychoanalyse des Kindes. Geist und Psyche, Bd. 2109. München: Kindler 1973
Klein, M.: Seelische Urkonflikte. München: Kindler 1974
Klüwer, R.: Psychoanalytische Fokaltherapie. In: Die Psychologie des 20. Jahrh., Bd. III. Zürich: Kindler 1977
Knapp, G.: Begriff und Bedeutung des Unbewußten bei Freud. In: Die Psychologie des 20. Jahrh. II. Zürich: Kindler 1976
Kohut, H.: Narzißmus. Frankfurt: Suhrkamp 1973
Krapf, G.: Hypnose, Autogenes Training, Katathymes Bilderleben. In: Die Psychologie des 20. Jahrh. III. Zürich: Kindler 1977
Kuiper, P. C.: Die seelischen Krankheiten des Menschen. Stuttgart, Bern: Klett-Huber 1976
Kutter, P., Roskamp, H.: Psychologie des Ich. Darmstadt: Wiss. Buchgesellschaft 1974
Lampl-de Grott, J. (1953): Depression und Aggression. In: Jb. der Psychoanalyse I. Köln: Westdeutscher Verlag 1960
Langen, D.: Indikation und Prognose in der klin. Psychotherapie. Z. Psychosom. Med. 12, 1966, 128–131
Langen, D.: Die gestufte Aktivhypnose. Stuttgart: Thieme 1967
Langen, D.: Mündliche Mitteilung (1969)
Langen, D.: Psychotherapie Stuttgart: Thieme 1971
Langen, D.: Kompendium der med. Hypnose. Basel: Karger 1972
Laplanche, J., Pontalis, J. B.: Das Vokabular der Psychoanalyse. Frankfurt: Suhrkamp 1973
Leuner, H., Schroeter, E.: Indikationen und spezielle Applikationen der Hypnosebehandlung. Bern: Huber 1975
Loch, W.: Über theoretische Voraussetzungen einer psychoanalytischen Kurztherapie. In: Jb. der Psychoanalyse, Bd. IV. Bern, Stuttgart: Huber 1967
Loch, W.: Die Krankheitslehre der Psychoanalyse. Stuttgart: S. Hirzel 1967
Lohmann, R.: Suggestive und übende Verfahren. In: v. Uexküll, Th., Lehrbuch der Psychosomatischen Medizin. München: Urban und Schwarzenberg 1979
Lorenz, K.: Das sogenannte Böse. Zur Naturgeschichte der Aggression. Wien: Dr. Borotha-Schoeler 1963
Mahler, M.: Symbiose und Individuation. Stuttgart: Klett 1972
Mahler, M., Pine, F., Bergmann, A.: The Psychological Birth of the Human Infant. London: Hutchinson 1975
Malan, D. H.: Psychoanalytische Kurztherapie. Bern, Stuttgart: Huber, Klett 1965

Marcuse, H.: Triebstruktur und Gesellschaft. Frankfurt: Suhrkamp 1965
Meerwein, F.: Das ärztliche Gespräch. Bern: Huber 1974
Meistermann-Seeger, E.: Der Beitrag der Psychoanalyse zur Sozialpsychologie. In: Die Psychologie des 20. Jahrh. II. Zürich: Kindler 1976
Miller, N. E., Sears, R. R., Mowrer, O. H., Doob, L. W., Dollard, I.: Die Frustrations-Aggressions-Hypothese. Psychol. Rev. 48, 1941
Mitscherlich, A.: Krankheit als Konflikt. Frankfurt: Suhrkamp 1969
Mitscherlich, A., und Vogel, H.: Psychoanalytische Motivationstheorie. In: Thomae, H. (Hrsg.), Handb. d. Psychol., 2. Bd., Allg. Psychologie. Göttingen: Hogrefe 1965
Morgan, W. L., Engel, G. L.: Der klinische Zugang zum Patienten. Bern: Huber 1977
Nitzschke, G.: Die Bedeutung der Sexualität im Werk Sigmund Freuds. In: Die Psychologie des 20. Jahrh. II. Zürich: Kindler 1976
Pawlow, I. P.: Sämtliche Werke. Berlin: Akademie Verlag 1953–55
Peters, U. H.: Wörterbuch der Psychiatrie und medizinischen Psychologie. München, Wien, Baltimore: Urban u. Schwarzenberg 1977
Pfeiffer, W. M.: Carl R. Rogers, Theorien der Psychotherapie und ihre Anwendung auf die Praxis. In: Die Psychologie des 20. Jahrh. III. Zürich: Kindler 1977
Plack, A.: Die Gesellschaft und das Böse. München: Paul List 1967
Ploeger, A.: Die therapeutische Gemeinschaft in der Psychotherapie und Sozialpsychiatrie. Stuttgart: Thieme 1972
Pohlmeier, H.: Die psychoanalytische Theorie der Depression. In: Die Psychologie des 20. Jahrh. II. Zürich: Kindler 1976
Quint, H.: Über die Zwangsneurose. Göttingen: Vandenhoeck u. Ruprecht 1971
Rachmann, S., Teasdale, J. P.: Aversionstherapy: An appraisal. In: C. M. Franks (Hrsg.), Training in clinical psychology. New York: Prentice-Hall 1969
Rachmann, S.: Studies in desensitation. In: The separate effects of relaxation and desensitation. Beh. res. ther., 1965, 3, 245–255
Rachmann, S., Bergold, J. B.: Verhaltenstherapie bei Phobien. München: Urban u. Schwarzenberg 1970
Rapaport, D.: Die Struktur der psychoanalytischen Theorie. Stuttgart: Klett 1973
Richter, H. E.: Eltern, Kind und Neurose. Stuttgart: Klett 1963
Richter, H. E., und Beckmann, D.: Herzneurose. Stuttgart: Thieme 1969
Riemann, F.: Frühkindliche Formen der Aggression. In: Int. Jb. z. Weiterentw. d. Psychoanalyse Bd. III. Huber 1968
Riemann, F.: Grundformen der Angst – eine tiefenpsychologische Studie. München: Pfeiffer 1975
Rohde-Dachser, Ch.: Das Borderline-Syndrom. Bern, Stuttgart, Wien: Huber 1978
Rohde-Dachser, Ch.: Zur Genese und Therapie der Borderline-Störungen. Psychother. med. Psychol. 30 (1980), 60–69
Rudolf, G.: Krankheiten im Grenzbereich von Neurose und Psychose. Göttingen: Vandenhoeck u. Ruprecht 1977
Salter, A.: Conditioned reflextherapie. New York: Farrar 1949
Sandler, J., und Dare, C.: Der psychoanalytische Begriff der Oralität. In: Die Psychologie des 20. Jahrh. II. Zürich: Kindler 1976
Schmidbauer, W.: Die Verdrängung und andere Abwehrmechanismen. In: Die Psychologie des 20. Jahrh. II. Zürich: Kindler 1976
Schraml, W. J.: Das klinische Gespräch in der Diagnostik. In: Schraml, W. J. (Hrsg.), Klinische Psychologie. Bern: Huber 1970
Schultz, J. H.: Das autogene Training. Stuttgart: Thieme 1966 (1. Auflage 1932)
Schultz, J. H.: Übungsheft für das autogene Training. Stuttgart: Thieme 1967
Schultz-Hencke, H.: Der gehemmte Mensch. Stuttgart: Thieme 1947
Schultz-Hencke, H.: Lehrbuch der analytischen Psychotherapie. Stuttgart: Thieme 1951

Schwidder, W.: Klinik der Neurose. In: Psychiatrie der Gegenwart II/1. Berlin, Heidelberg, New York: Springer 1972
Skinner, B. F.: About behaviorism. New York: Knopf 1974
Spitz, R.: Anaclitic depression. Psa. Study of the Child 2, 1946, 313–342
Spitz, R.: Die Entstehung der ersten Objektbeziehungen. Stuttgart: Klett 1960
Steinmeyer, E. M.: Depression. Stuttgart: Kohlhammer 1980
Stern, A.: Psychoanalytic investigation of and therapy in the borderline group of neuroses. Psychoanal. Quart. 7, 467, 1938
Stork, J.: Die seelische Entwicklung des Kleinkindes aus psychoanalytischer Sicht. In: Die Psychologie des 20. Jahrh. II. Zürich: Kindler 1976
Stokvis, G.: Suggestion. In: Handbuch der Neurosenlehre und Psychotherapie, Bd. IV. München: Urban u. Schwarzenberg 1959
Strotzka, H.: Psychotherapie: Grundlagen, Verfahren, Indikationen. München, Berlin, Wien: Urban u. Schwarzenberg 1975
Sullivan, H. St.: The psychiatric Interview. London: Tavistock Publ. Ltd. 1955
Tausch, R.: Gesprächspsychotherapie. Göttingen: Hogrefe 1973
Tinbergen, N.: The study of instinct. Oxford Univ. Press. 1950
Ullmann, L. P., Krasner, L.: A psychological approach to abnormal behavior. Englewood Cliffs/New Jersey: Prentice Hall 1969
Völkel, H.: Neurotische Depression. Stuttgart: Thieme 1959
Wesiak, W.: Psychoanalyse und praktische Medizin. Stuttgart: Klett-Cotta 1980
Wiegmann, H.: Der Neurotiker in der Klinik. Göttingen: Vandenhoeck u. Ruprecht 1968
Winnicott, D. W.: Transitional Objects and transitional Phenomena. Int. J. Psychoanal. 34, 1953, 89–97
Winnicott, D. W.: Primäre Mütterlichkeit. Psyche 14, 1960, 393
Winnicott, D. W.: Von der Kinderheilkunde zur Psychoanalyse. München: Kindler 1976
Wolpe, J.: Psychotherapie by reciprocal inhibition. Stanford University Press 1958
Wyss, D.: Die tiefenspychologischen Schulen von den Anfängen bis zur Gegenwart. Göttingen: Vandenhoeck u. Ruprecht 1965
Zenz, H.: Empirische Befunde über die Gießener Fassung einer Beschwerdeliste. Z. Psychother. Psychoanal. 21, 8–13, 1971
Zetzel, E.: Zum Krankheitsbild der Depression. Psyche 14, 1960, 641–650
Ziese, P.: Die Triebtheorie der Psychoanalyse. In: Die Psychologie des 20. Jahrhunderts II. Zürich: Kindler 1976

Namenregister

Sachregister